销售不跟踪，一切都成空

郑秀珍 著

中国华侨出版社
·北京·

图书在版编目 (CIP) 数据

销售不跟踪，一切都成空 / 郑秀珍著 .—北京：中国华侨出版社，
2018.12（2024.2 重印）
ISBN 978-7-5113-7789-0

Ⅰ.①销… Ⅱ.①郑… Ⅲ.①销售—通俗读物 Ⅳ.
① F713.3-49

中国版本图书馆 CIP 数据核字（2018）249601

销售不跟踪，一切都成空

著　　者：郑秀珍
责任编辑：唐崇杰
封面设计：朱晓艳
经　　销：新华书店
开　　本：710 mm×1000 mm　1/16 开　　印张：14　　字数：160 千字
印　　刷：三河市富华印刷包装有限公司
版　　次：2018 年 12 月第 1 版
印　　次：2024 年 2 月第 2 次印刷
书　　号：ISBN 978-7-5113-7789-0
定　　价：49.80 元

中国华侨出版社　北京市朝阳区西坝河东里 77 号楼底商 5 号　邮编：100028
发 行 部：（010）64443051　　　传　真：（010）64439708
网　　址：www.oveaschin.com　　E-mail：oveaschin@sina.com

如果发现印装质量问题，影响阅读，请与印刷厂联系调换。

前 言
Preface

　　长期从事销售工作的朋友也许深有体会，如今，销售行业所面临的情况和以往已经大不一样。当然，销售所涵盖的基本内容几乎没有变化——做一个好的倾听者、给予客户好的服务，以及争取相关业务这些基本内容，将会一直是销售的主体，它们还会和以往一样重要。但是，销售和关系构建方面发生的微妙变化，已经大大增加了这场心理博弈的难度。

　　如今，资源更珍贵了，竞争更激烈了，客户的选择也越来越多，他们可以获得的信息比以往任何时候都丰富，各商家的运作也越来越精细。当今各个行业的客户成功率，可以说已经处在历史的极低点，与此同时，客户期望值却在不断飙升。销售人员能轻松拿下订单的时代已然不复存在了。

　　前些年，一般来说，向客户提供良好的服务、展示对所销售产品的专业知识，就可以赢得客户的满意。汤姆·皮特在畅销书《追求卓越》曾讲述过商业成功的关键：如果我们向客户承诺提供卓越的服务，他们会向我们提供订单作为回报，并承诺永远忠诚于我们。

显然，这种情况已经成为历史。现在，单纯的优质服务及精湛的产品，已经很难让客户满意了。因为这正是客户所期待的，他们期待优质的服务，但即便你提供了优质的服务，他们也只认为是理所当然，并不会被打动。而且，假若你不能迎合他们的期待，他们知道还有其他人可以做到。

就目前的状况来说，优质的服务是赢得竞争资格的最低保证，即便它依然非常重要，但是，它本身不会再带给你任何竞争优势。如果你不"别出心裁"，让客户感到物超所值，那么你成功的可能性将会非常低。

不过，销售行业里同样有这样一句话：只有不会卖东西的人，没有卖不出去的产品。换而言之，给你一个产品，你卖不出去，不是产品的问题，很大程度上是因为你本事不够。一个销售员的成功，往往不是因为他公司所提供的服务有多好，而是因为他自己够聪明，有属于自己的销售绝招！对于真正的聪明人而言，就没有卖不出去的产品。一个销售员的失败，欠缺的就是卖出产品的智慧。读一读《销售不跟踪，一切都成空》，相信你在品读中能够拓宽销售思路，脱离销售瓶颈，找到销售成功的新方法。

目 录
Contents

第一章

—— **赢在心态** ——

——心理承受力是精英与菜鸟的分界线

　　心态决定命运。真正导致业绩平庸的，不是销售员们经常抱怨的激烈的同行竞争，萧条的市场环境，难缠的客户，而是潜在他们内心深处消极的心态。如果不能摒弃这些侵蚀业绩的"蛀虫"，即使外部条件再有利，也不能成就卓越的业绩。

客户是资产

——挖掘客户关系，追踪客户终身价值

卡耐基说：成功来自 85％ 的人脉关系，15％ 的专业知识。销售人员应当不断地去挖掘、培养客户，培养人脉资源，这样做起工作来才会事半功倍。

约见与拜访

——从排斥感到吸引力，奠定销售发展基调

要想成功的约见与拜访客户，我们要学会换位思考，反过来想想，顾客凭什么接受我们的拜访，给他一个见我们的理由，千万不要让他觉得见你有压力，因为，每个人都喜欢自主自在，都不喜欢有压力，所以在约见和拜访客户的过程中，你需要创造一种轻松并美好的气氛。

观察与应对

——有效引导客户的心理活动

真正的销售过程其实就是不断揣摩顾客心理的过程。如何把合适的产品在顾客心理最舒适的情况下销售给他，最考验销售功底。

情感跟进

——由浅入深，进一步强化客户信任感

销售活动不应是死板的公事公办，而应该尽量加入一些人情味。我们可以和客户先做朋友，后做生意。所以，如何与客户做朋友，对销售工作来说很重要。

微迎合

——把客户当成恋人去经营

　　销售，我们不仅仅是推销我们的某种产品，而且是为客户提供解决问题的最佳方案。想成为一名成功的销售人员，我们应做到态度最积极，知识最丰富，服务最周到，让客户做"主人翁"，以我们的服务优势，给予客户最优美的心理体验。

赢单的关键

——趁热打铁，让客户不知不觉说"是"

现代销售既是一项复杂的工程技术，又是一种技巧性很高的艺术。销售员从寻找客户开始，直至达成交易获取订单，不仅要周密计划，细致跟踪，而且要与客户进行重重的心理博弈。由此，销售员必须顺应客户的心理活动轨迹，审时度势，及时在"促"字上下功夫，不断强化其购买动机，加快其决策进程。

赢在心态

——心理承受力是精英与菜鸟的分界线

心态决定命运。真正导致业绩平庸的，不是销售员们经常抱怨的激烈的同行竞争，萧条的市场环境，难缠的客户，而是潜在他们内心深处消极的心态。如果不能摒弃这些侵蚀业绩的"蛀虫"，即使外部条件再有利，也不能成就卓越的业绩。

做销售，不要怕"丢面子"

对于刚接触销售这个行业的人来说，面子这关恐怕是最难过的，"不好意思"这四个字往往就是影响其销售业绩的主要原因。因此，销售新人一定要无所畏惧，大胆出击，这样才能攀上业绩的高峰。

很多刚刚进入销售行业的人业绩都是很平庸的，为什么会这样？有人说是因为经验的欠缺，有人说是因为同行竞争的激烈，也有人说是因为现在的客户太难缠……不可否认，这些都是制约销售业绩的因素，但最根本的因素还是有些人太顾及面子，觉得干销售工作有些难为情，害怕接触客户，以致影响自己的业绩。

怕丢面子确实是销售新人的主要问题，只有抛弃面子，坦然面对客户，才能取得骄人的业绩。那么，怎样做才能闯过这个"面子关"呢？

1. 相信自己

自信是销售成功的基础。相信自己就意味着相信一切，包括相信自己能战胜一切困难。只要树立对这种职业的自信心与自豪感，就会勇敢地面对陌生客户。

2. 评价客户

任何人都特别在意别人的看法。但作为销售员，如果特别在意别人对自己的评价，那么无形中就会产生压力，当然会表现的紧张无措。所以，不如暂时忘记自己，反过来评价对方。仔细观察对方的表情、说话神态，找到对方的缺点。只有这样，才会由被动变为主动，压力也会顿时消除。

3. 放开声音

与客户初次会面时，不妨尽量放开声音，大声说话，偶尔幽默一下，这些都会使紧张的心理马上放松，面子问题也就被抛到九霄云外了。

4. 肯定自己的长处

任何人都有自己的长处，关键是看你能否发现它们。所以，在初次和客户会面时，要多想一想自己的优点，即使是不足为外人称道之处，也可以采用自我扩大的方法，将其扩大成足以令人自豪的长处，而将那些无言的自卑抛于脑后，相信自己，以此消除压力。

5. 放松心情

作为销售新人，很容易被客户的地位、头衔镇住，心理上会不自觉地产生压力。其实，想一想，他们肯定也有着脆弱的一面，这样就会让自己紧张的心情松弛下来。

6. 得失别看得太重

无论做什么都要掌握一个度，过犹不及。所以，在初次会面时，不要把得失看得太重，只要能与对方建立良好的关系，甚至取得再次见面的机会就够了。如此一来，就不会把"面子"看得太重，就可以从容自若地与陌生人交流了。

此外，还有一些人在销售过程中总是战战兢兢，生怕被客户拒绝，丢了面子。有些人还会因此半途而废。其实大可不必觉得销售失败就是丢面子。因为从失败中可以学到很多有用的东西，而成功其实就在离失败不远的地方。

作为销售员，应该树立这样的观念——被客户拒绝只是一次销售行为的失败，根本不会丢掉自己的面子。况且，销售员所追求的并不是"面子"，而是事业上的成就。有了这样的想法，你就不会再认为被客户拒绝是一件丢面子的事情了。

有一个销售员，他四十多岁才开始从事销售工作，在此之前从未有过任何销售经验。通常情况下，像这么大年龄的人更爱惜自己的面子，更害怕被人拒绝。可是不到一年半的时间，他就成了当地最杰出的销售员，所创造的业绩纪录很长时间没有人能打破。

有人问他："你是怎么成功的，难道你不怕被别人拒绝吗？"他笑了："干这行的谁不怕被客户拒绝？"人们不解地接着问："那每次客户不买你的产品时，你心里是怎么想的？你不觉得非常丢面子吗？"他说："我认为，拒绝是客户的权利，拒绝不拒绝那是他们的事。而是否觉得很丢面子，则是我自己的事情。我不会认为这是一件丢面子的事，我只是认为我还没有解释清楚，他们还不太了解我的产品而已。既然他们不太了解，那么我就再换一种方式向他们解释，一直到客户完全了解为止。"他说，曾经有一个客户，自己一直对其解说了好几年，换了好多种方式才终于让他了解了产品的优点及好处，并最终销售成功。

看来这位销售员成功的秘诀很简单，他把拒绝当成客户的权利，而把面子当成自己的感觉。他并不在乎自己的感觉，只是在乎自己的业绩。

奥利·费尔刚进入销售行业时，由于在销售方面没有经验，所以表现很差。当公司将一个新客户交给他让他去拜访的时候，他几乎不敢与客户对视，对客户提出的问题也回答得结结巴巴，等到与客户交谈结束后才发现自己紧张得连衬衣都被汗水浸湿了，手掌心也全是汗水。可以想象这次拜访以失败告终。

可是他没有因此而垂头丧气，也没有因为失败而在同事面前抬不起头。他对自己进行了认真反省，而且主动向有经验的同事请教销售技巧，最后得到的结论是：自己虽然拥有一定的销售方面的理论知识，对产品的质量、性能也相当了解，但在与客户交往时害怕失败，因此不能很好地与客户沟通，这成为他销售失败的"结"。

于是，在以后的销售工作中，他总是不停地对自己说："假如这次失败了，也不会丢掉我的面子。总有一天，我会获得成功。"同时，他还认真制定销售计划，思考要实施这些计划所应该掌握的知识，然后利用业余时间尽力去补充这方面的知识。

为了在行业中成为一名优秀的销售员，他兢兢业业地工作，不断地进行自我补充和自我完善，深入了解公司相关产品的长处和短处。逐渐地，他能够从容自若地面对客户，并能够与客户进行比较深入地沟通了。

有一次，公司遇到了一个大客户，其他同事因害怕失败而不敢接这单生意，而他却自告奋勇去完成这一任务。在销售过程中，他完全放下"怕丢面子"的包袱，全身心地投入进去。功夫不负有心人，他的努力最终换来了签约成功，这使他更加信心百倍。

此后，他虽然也遇到过失败，但是他总能从失败中总结教训，从中汲取经验，并始终注意通过学习和思考，使自己的销售能力飞速提高。最后，他为公司赢得了越来越多的客户，成为全美国最优秀的销售员之一。

即使最好的销售员也难免要经历无数次拒绝。无论客户拒绝多少次，销售员也要有勇气面带微笑地再试一次。

实际上，那些优秀的销售员在被客户拒绝以后，想到的根本不是毫无意义的"面子"问题，他们会对遭拒的原因进行理性分析，然后争取在下次销售时补救过来。这种健康的心态，不但能立刻改变他的心情，更重要的是能让他在被拒绝之后成长起来。

销售不是卑躬屈膝的职业

一些销售员在平时谈笑风生，但与客户打交道时不是语无伦次，就是坐立不安，这是什么原因呢？因为他们把销售看成是卑微的职业、求人的工作，因为他们并不是从心里热爱这份工作。像这样的销售员是很难成功的。既然我们选择了销售工作，最好在这个职业上待下去。如果你热爱并坚守下去，情况就不同了。以树为例，从栽上树苗，精心呵护，到它慢慢长大，就会给你回报。你把树苗培育得越久，树就会长得越高大，回报也就相应越多。

销售这件事并不一定要和低声下气有关。这之中也没有逢迎谄媚等事情，千万不要认为一名销售员需要向别人鞠躬作揖才能完成一笔生意，如果有了这样的想法，那就大错特错了，是没有把握住销售人员应该具有的良好的心态以及对此项工作的正确理解。

身为一名销售员，应该以自己的职业为荣，因为它是一份值得别人尊敬及会使人有成就感的职业，如果有方法能使失业率降到最低，销售即是其中最必要的条件。你要知道，一个普通的销售员可为 30 位工厂的员工提供稳定的工作机会。这样的工作，怎么能说不是重要的呢？

乔·吉拉德说：每一个销售员都应以自己的职业为骄傲，因为销售员推动了整个世界。如果我们不把货物从货架上和仓库里面运出来，整个社会体系的钟就要停摆了。

有的时候，当业务看起来似乎大势已去时，平庸的销售员常为了不想一事无成地失望回家而干脆降格以求，他甚至会向客户请求说："请你帮我这个忙吧，我必须养家糊口，而且我的销售成绩远远落后于别人，如果我拿不到这个订单，我真的不知道该如何面对我的老板了。"

这种方式不但对我们本身有害，它也是这个行业的致命伤。当一名销售员提出那样的要求时，只能导致客户看不起他，这种厌恶情绪甚至会波及其他销售员。

作为销售员，应该明白，销售与其他行业一样，只是具体的工作内容不同。销售员不是把产品或服务强加给别人，而是帮助客户解决问题。你是专家，是顾问，你与客户是平等的，因为你更懂得如何来帮助他，你看得起自己，客户才会信赖你。

销售行业最忌讳的就是在客户面前卑躬屈膝。如果你连自己都看不起，别人又怎能看得起你？表现懦弱不会得到客户的好感，反而会让客户大失所望——你对自己都没有信心，别人又怎么可能对你销售的产品有信心呢？

一名销售员向一位总经理销售电脑，言行显得过于谦卑，这让总经理十分反感。总经理看了看电脑，觉得质量不错，但最终并未购买。总经理说："你用不着这样谦卑，你销售的是你的产品，你这种样子，谁会愿意买你的东西呢？"

由此可见，低三下四的销售，不但会使商品贬值，也会使企业的声誉和自己的人格贬值。

销售员不要把自己看得低下，应该以销售工作为荣。只有树立了这样的信念，才能为销售工作付出所有的努力，才能成为一名顶尖的销售高手。

有自信，才有说服力

自信是这样一种心态：你相信自己的选择是正确的，你相信自己的能力是出众的，你相信自己一定会成功。与其他职业相比，销售员就更需要有足够的自信。因为，不可能每一次销售都会成功。你失败的概率可能很多：不可能所有的老板都赏识你，都给你机会；不可能所有的客户都会欣然接受你的销售，所以，面对无数次的挫折、失败，你必须要有足够的自信。

要成为一名优秀的销售员，首先要坚持对自己有自信。如果连自己都没有自信，连自己都说服不了自己，又怎么能说服客户、感染客户来购买你的产品呢？

伟大的销售员的显著特征是，他们无不对自己充满极大的自信，他们无不相信自己的力量，他们无不对自己的未来充满自信。而那些没有做出多少成绩的销售员的显著特征则是缺乏自信，正是这种自信的丧失使得他们卑微怯懦、唯唯诺诺。

坚定地相信自己，绝不容许任何东西动摇自己，这样的销售员有朝一日必定会在事业上取得极大的成功，这也是所有取得伟大成就的人士所共有的基本品质。事实上，即便是那些曾经影响世界的伟人，他们之中绝大多数也曾落魄潦倒，并经历了多年的黑暗岁月，在这些落魄潦倒的黑暗岁月中，他们看不到事业有成的任何希望。但是，他们毫不气馁，继续兢兢业业地刻苦努力，他们相信终有一天自己会翻身，而后来，他们的坚持也成就了他们。事实上，要不是他们的自信、希望和锲而不舍的努力，这种光明的时刻、这种事业有成的时刻，也许永远都不会到来。

既然自信对于销售员而言如此重要，那么要如何才能在客户面前表现出自己的自信呢？

你必须衣着整齐，笑容可掬，礼貌周到，对任何人都亲切有礼，细心应付。这样，就容易使客户喜欢你，从而增强你的自信。如此，你的自信也必然会自然而然地流露于外表。

不过事实上，在大多数情况下，销售员都是非常热情地敲开客户的大门，却遭到他们的冷言冷语，甚至无理侮辱，如此一来，好不容易建立起来的自信就很容易流失。如此这般，又该如何将其保持下去呢？这就要看你的自信心是否坚强了。你一定要沉住气，千万不要流露出不满、委屈的言行。要知道，客户与你接触时，并不会在意自己的言行是否得体，而总是在意你的言谈举止。客户一旦发现你信心不足，则对你的商品就更不会有什么好感了。即使他认为你的商品质地优良，很合其需要，也会得寸进尺，见你急于出手，乘虚而入，使劲压价。而这都是因为你失去了自信。

另外，客户通常也喜欢与才能出众者交手，他们不希望与毫无自信的销售员打交道，因为他们也希望在别人面前自我表现一番。再者，他们怎么会愿意与一个对自己及自己商品都缺乏自信的人谈生意呢？

如果你对自己和自己的商品充满了自信，那你必然会有一股不达目的绝不罢休的气势。坚持下去，胜利终究会属于你！

此外，自信会使你的销售变成一种快乐。想一想就会明白，不自信的销售员一定会把销售当作是去受罪，是到处求人的令人厌烦的工作。

然而自信却能使你把销售当作愉快的生活本身，既不烦躁，也不会厌恶，这是因为你会在自信的销售中对自己更加满意，更加欣赏自己。

没有勇气，就没有业绩

销售人员每天要面对许多不同性格、不同背景的客户，而且还要面对被拒绝的压力，如果不是勇气十足的话，就很难在这一行里干出成绩的，这就像战斗一样，士气低迷的一方是永远不会取胜的。

戴维斯生于美国一个并不富裕的家庭。他16岁时便开始帮母亲销售保险，获得意想不到的成功，但却被勒令退学。戴维斯坚持自学，后曾进入大学学习法律。

在初中毕业升高中的那一年，戴维斯利用暑假帮母亲去销售保险，这年他才16岁。按照母亲的指点，戴维斯来到一幢办公楼前。他不知道该怎样开始销售，徘徊了一阵后，他有些害怕了，想打退堂鼓，毕竟他还是一个未成年的孩子。回忆这一段经历时，戴维斯说："我站在那幢大楼外的人行道上，不知道自己该怎么样去做，更不知道自己能不能将产品销售出去……我一面发抖，一面默默地对自己说：'当你尝试去做一件对自己只有益处，而无任何伤害的事时，就应该勇敢一些，而且应该立即行动。'"

于是戴维斯毅然走进了大楼。他想，如果被赶出来，就再一次壮着胆子进去，决不退缩。戴维斯没有被赶出来，而且那幢办公楼的每一个房间他都进去了。在这一间办公室遭到拒绝，他便毫不犹豫地去敲开下一间办公室的门，不断地劝说人们买他的保险。

戴维斯几乎跑遍了整个办公楼内的所有办公室，终于有两位职员向他买了保险。两个客户算不了什么，但对戴维斯来说，意义远不止成交了两笔生意，这是他在销售保险方面迈出的重要的一步，同时，他还学到了该怎样去克服心理障碍并向陌生人销售的方法。

第一天的销售，他发现了一个秘诀，就是从一间办公室出来后应立刻冲进另一间办公室，这样做是不给自己时间犹豫，从而可以克服自己的畏惧感，让自己勇气十足。对此，他说：

"一位成功的销售员，应该具备一股鞭策自己、鼓励自己的内动力。只有这样，才能在大多数人因胆怯而裹足不前的情况下，或者在许多人根本不敢参加的场合下大胆向前，向销售的高境界推进。正是这种销售员，凭着过人的勇气、自信和上进心，凭着鞭策鼓励自己的内动力，总能克服害怕遭人白眼和被拒绝的'心魔'，勇敢地去向每一个他可能遇到的陌生人销售自己的商品。"

随着销售业绩的不断上升，戴维斯对自己做了一个全面的分析。他发现，正是因为自己有了过人的勇气，才获得了如此巨大的成功。

这个例子证明了，一个优秀的销售员最重要的条件就是要具有高昂的工作士气。工作士气高昂的销售员比工作士气低落的销售员更能取得优异的销售成绩。

作为一个销售员，如果我们能够激发出自己的勇气，那么就会创造出令人大吃一惊的成绩。毫无疑问，勇气是由自信心孕育出来的，而勇气的最大敌人，就是那些来自我们内心的恐惧、担心、顾虑。

明智的举动是，将这些顾虑、担心，转化为应付各种可能出现的不利情形的周密准备，以求将失败率降到最低。比如你要会见一位客户，你事先最好要了解一下有关他的许多情况，了解他的家庭背景、个人爱好、经济状况、社会交际，等等，你对他了解得愈多，你便愈有把握做成这笔交易。当你信心百倍地出现在他面前时，一切都如你设想的那样顺理成章，因此，你的勇气倍增，你显得那样的从容不迫，那样为人信赖，你的成功是必然的。

不是想要，而是一定要

每位销售员都知道信念对成功的重要意义，可以说成功的力量就来自决心和信心。一些销售员在出门之前向自己保证：今天我想要签 5 份订单。但他们往往是空着手回来了，为什么呢？就因为他们成功的欲望不够强烈，如果他们能试试将"想要"换成"一定要"，那么他们的销售一定会更成功。

乔治是一名职业销售顾问，他帮助一家经销太阳灶的小公司制定了一个计划，使原本一年才卖出不到一万台产品的太阳灶公司，在三天之内就卖出 6000 多台。

首先，乔治向所有销售员说明了商品的特性与销售方法，然后，就亲自率领几名销售员赶赴销售现场。第一天，他们卖出了 1571 台，第二天 2042 台，第三天达到了 2500 台，三天下来，一共卖了 6113 台，这远远超过了预期目标。这个数字令同行都十分吃惊，所有人都不相信，有人能将滞销的商品一台台地卖出去。

人们都在祈盼着，乔治能够向他们解释他是用了什么特殊的销售技巧在这种恶劣的环境下卖出如此多的商品的。而乔治的解释却很简单，他说的销售方案只是限定 5 天时间内卖出的台数，其他方面没有超出同行业的一般标准。真正的秘诀是销售人员过人的集中力和坚持达到目标的信念。其实，只要建立"一定要"卖出去的信念，根本就不会存在卖不出去的商品。

当你真正下定决心"一定要"把商品销售出去的时候，一切困难都会变得容易和简单。"想要"跟"一定要"是不一样的，当你"一定要"的时候，你才有成功的可能。

顶尖高手和一般人最大的差别就在于是"想要"还是"一定要"，世界上最伟大的销售员决定了的事都是非要不可，而一般销售员则只是想要而已，这正是一般销售员失败的原因。

因此，只有下定"一定要"的决心的时候，我们的行动才会有强大的驱动力，我们才会想尽一切办法，运用一切可能的、合法的手段去达成自己的目标，而这正是成功所必需的。

乔·吉拉德说:"所有人都应该相信:乔·吉拉德能做到的,你们也能做到,我并不比你们厉害多少。而我之所以能做到,只是因为投入了专注与执着。"

一般的销售员会说,那个人看起来不像一个买东西的人。但是,有谁能告诉我们,买东西的人长什么样呢?乔·吉拉德说,每次有人路过他的办公室,他内心都在吼叫:"进来吧!我一定会让你买我的车。因为每一分每一秒的时间都是我的花费,我不会让你走的。"

35岁以前,乔·吉拉德经历过许多失败。一次惨重失败后,朋友都弃他而去,他变得一无所有。但乔·吉拉德说:"没关系,笑到最后才算笑得最好。"

他拜访了一家汽车经销商,要求做一份销售的工作,销售经理起初很不乐意。

乔·吉拉德说:"听着!先生,假如你不雇用我,你将犯下一生最大的错误!我不要有暖气的房间,我只要一张桌子、一部电话,两个月内我将打破你最佳销售员的纪录,就这么约定。"结果在两个月内,他真的做到了,他打破了那里所有销售员的业绩。

有人问他,究竟是怎样做到这一切的?他是否有什么销售秘诀,但乔·吉拉德只是笑笑说:"哪有什么秘诀,我只能相信我一定能做到。"

人们常说:世界上没有卖不出去的商品,只有不会销售的销售员。因此,请你建立这样的信念,无论你手中拿着什么样的商品,你都一定要把它卖出去。如果你能持续这样激励自己,那么你离成功就不远了。

对成功的渴望是成为销售员必备的条件,只有当渴望强烈到"一定要"的程度时，你才能克服重重困难，成为顶尖的销售高手，自豪地说出你是销售员。

销售员要百折不挠

拒绝几乎是每个销售员每天都会遇到的事情，被拒绝一次，或许我们还依然能够勇气十足，可如果被拒绝了 10 次、100 次呢？或许有的销售员就要退却了。但是，如果想要成为一名卓越的销售员，你就只能开始准备你的第 101 次销售，因为我们是销售员，销售员不能因为遭受拒绝而停止自己的工作。

日本著名销售大师原一平曾深有感触地说："销售就是初次遭到客户拒绝之后的坚持不懈。也许你会像我那样，连续几十次、几百次地遭到拒绝。然而，就在这几十次、几百次的拒绝之后，总有一次，客户将同意采纳你的计划。为了这仅有的一次机会，销售员在做着殊死的努力。"

国外保险业有一个统计数据，在保险销售中，平均每访问 16 个客户，才能有一个客户购买保险，在目前的中国市场，成功率比这还要低得多。

所以作为销售员，我们应该记住，客户的拒绝，是一种正常的态度，我们不能因为遇到 100 个客户拒绝而灰心，而是应该开始准备第 101 次销售。一个客户，可以从冷冰冰的拒绝开始认识你，时间长久之后，还可能成为朋友。所以，没有必要一开始就试图在短时间内说服客户，先要承认对方的拒绝。这时候你应该这样想，客户接纳我的时机还没有到，我现在最主要的是接受他的拒绝。但是，我已经把信息传递给了他，以后可以寻找恰当的时机和方式，让客户接纳我，从我的手中购买商品。因此，拒绝是对销售员最基础的考验，不停地拒绝与不停地销售，简单的事情必须重复做。

有些人上过销售课或是听过老销售员的经验讲解后，往往会产生一种激情，会把销售想成非常轻闲、非常快乐的职业，每天东奔西走，又不用坐班，也没人盯着自己，想到走进客户的办公室，客户非常热情地端茶递烟，笑脸相迎，并且大声说："啊，你来得正好，我们太需要你们的商品了，来得真是时候啊！"事实上，这一镜头只能发生在我们的白日梦中，现实生活中是不可能的。

因为前面有一连串的拒绝，所以那种顽强的敬业精神是所有优秀销售员都必须具备的素质，百折不挠，要认定拒绝是不可避免的，不能遇到的拒绝一多，就灰心丧气，一蹶不振。

在拒绝中，我们要不断给自己打气，并且坚持做下一家客户的拜访。有一位几十年来成绩一直非常优秀的销售员曾这样介绍自己的经验："我每天都给自己计划访问多少客户，随身带着一个本子，把访问过的企业记录下来，把他们拒绝的理由也记录下来，以供回家进行分析。"我们应该从中吸取经验，大家要记住：访问客户的数目是一个硬指标，每天都必须完成自己的计划，绝不能偷懒。

不要轻易说放弃

一个卓越的销售员是绝对不会轻言放弃的，他只会一次次坚持，直到成功为止。我们想要成为卓越，就要这样，要不断提醒自己：别放弃，坚持下去，成功的就是你！

已过世的克雷吉夫人说过："美国人成功的秘诀，就是不怕失败。他们在事业上竭尽全力，毫不顾及失败，即使失败也会卷土重来，并立下比以前更坚韧的决心，努力奋斗直至成功。"

然而，有些朋友遭到了一次失败，便把它看成拿破仑的滑铁卢，从此失去了勇气，甚至干脆放弃。可是，在刚强坚毅者的眼里，却没有所谓的滑铁卢。那些一心要得胜、立志要成功的人即使失败，也不以一时失败为最后之结局，还会继续奋斗，在每次遭到失败后再重新站起，比以前更有决心地向前努力，不达目的决不罢休。

作为销售员，我们绝不考虑失败，我们的字典里没有放弃、不可能、办不到、没法子、成问题、行不通、没希望……这类愚蠢的字眼。我们要尽量避免绝望，一旦受到它的威胁，立即想方设法向它挑战，我们要辛勤耕耘，忍受苦楚。请放眼未来，勇往直前，不再理会脚下的障碍。请坚信，失败的尽头就是成功。

请永远不要说放弃，鼓励自己坚持下去，因为每一次的失败都会增加下一次成功的机会。这一次的拒绝就是下一次的赞同，这一次皱起的眉头就是下一次舒展的笑容。今天的失败，往往预示着明天的好运。

中国台湾著名电视制作人顾英德，在多年前任中视业务组长时，为争取广告，求见铃木工业公司董事长，去了7次，留下7张名片，都无法见到要见的人，第8次拜访，董事长才肯接见他，以后两人成为极好的朋友，铃木工业公司也顺理成章地成为中视的大客户。

常见某些朋友拜访客户，吃了多次闭门羹后，就心灰意冷，殊不知这正是考验的开始。其实成功与否，就看你的努力多大。

请尝试，尝试，再尝试。障碍是成功路上的弯路，迎接这项挑战，像水手一样，乘风破浪。请相信，凡事只要锲而不舍，成功就不是遥不可及的。只要认真起来，你的业绩就会好起来。要想获得什么，就看你付出的是什么。要想超过谁，你就要比他更努力。

我们做销售员的，要善于借鉴别人成功的秘诀，过去的是非成败，全不计较，只抱定信念，明天会更好。当你精疲力竭时，也不要放弃，再试一次。请一试再试，争取每一次的成功，避免以失败收场。在别人停滞不前时，请继续拼搏，终有一天我们会获得丰收。

请安静地坐下来，放平身心，深吸一口气，告诉自己：我相信自己一定能行，只要我一息尚存，就要坚持到底，因为我已深知成功的秘诀：坚持不懈，终会成功。

滴水可以穿石，如果我们能够持之以恒地努力下去，那我们也一定可以打动最顽强的客户。不要放弃，有时候坚持到底就是最大的胜利。

困难是弹簧，你弱它才强

做销售工作的，经常要销售，要增员，是不是会碰上很多的困难呢？困难是令人难受的，但是我们是否可以换个思维角度想想呢？如果没有了困难，那是不是人人都可以成功了？那什么样的产品是不是都可以卖出去了？那还要改进产品干什么？

既然知道困难是无法避免的，那我们下次碰上困难就应该充满勇气地大声说："谢谢你，正是因为有了你，才成就了我。"

我们要坚信自己，且要相信困难是不可避免的。相信你自己，你是自己唯一可信赖的人。你应为能够迎难而上而感到骄傲和庆幸。你的智慧是无穷的，你多年累积的经验更是惊人的。

老板、同事、朋友都可能会背弃你，但你绝不会背弃自己。假如由于疑虑、沮丧、失意而沉沦了你美好的心灵，那才是真正的愚蠢。相信你自己，自己是世界上最真实的，是世上唯一可以信赖的。我们想成功，就要坚定地秉持这个信念。只要我们相信自己，就会有勇气完成任何自己想做的事情。

毋庸置疑，销售之路并非坦途，而是充满了坎坷崎岖。有顺利的日子，也有曲折的时候。当面临挫折时，我们不要惊慌、不要沮丧，更不能以为生活会永远像现在一样不顺利，只要我们能对自己有信心，对自己的信念有勇气，我们就会看到云破日出，我们的前途又是一片光明。保持这种心态，我们就能克服每天有可能出现的阻碍。

西点军校前校长本尼迪克特曾经说过：遭遇挫折并不可怕，可怕的是因挫折而产生的对自己能力的怀疑。只要精神不倒，敢于放手一搏，就有胜利的希望。

销售亦如打仗，你的对手就是客户的拒绝和你的怯懦。

试想一下，如果你身临战场，当你遇到困难和敌人时就赶紧后退，那么后果会如何？把事情做好，把困难解决掉，这不也是一种"作战"吗？因此，当你在销售过程中碰到困难时，应遵循一个原则——勇敢地扑向敌人，绝不言退，发挥自己的强项！

碰到困难绝不言退，发挥自己的强项，这里有两个方面的含义：

1. 做给别人看——让别人知道你并不是一个胆小鬼。即使你销售失败了，你不怕困难的精神和勇气也会得到他人的赞赏；如果你顺利地克服了困难，签下了订单，这就更加向他人证实了你的能力！如果有人出于对你的不服、怀疑、中伤、忌妒而故意给你出些难题，当你一一解决时，你不仅解除了他人的不良心理，而且还提高了自己的地位和声望。

2. 做给自己看——一个人一生中不可能事事顺心如意。销售中碰到点困难，这并不可怕，应把困难当成是对自己的一种考验与磨炼。也许你不一定能解决所有的困难，但在克服这些困难的过程中，你在经验、心志、胸怀等各方面都会有所成长，所谓"吃一堑、长一智"，说的就是这一道理。这对你日后面对困难有很大的帮助，因为你至少学会了。如果你顺利地克服了困难，那么在这一过程中你所累积的经验和信心将是你一生当中最宝贵的财富。

所以作为销售员，我们一定要有迎难而上的精神，这样才能成功。

把焦点集中在订单上

销售新人往往太在意自己的失败，因此一些人被挫折击倒了，在困难面前退缩了。如果他们能够把心思放在自己想要的业绩上，而不介意被客户拒绝，那么他们一定会做得更成功。

一位年轻的寿险销售员入行才三个月，他却似乎已经对自己失去了信心："我在做什么呀！每天就是看人脸色、受人拒绝！"他的一个同伴回来了，脸上带着自信的笑容："我今天签了5份订单！""什么？"年轻的销售员吃惊地问："那你今天遭到过多少次拒绝和挫折呀？"

"哪有时间去注意这些呀，我把注意力全部集中在我想要的业绩上了。我只想着今天要签回多少订单，做成多少生意。我才不去计较、不去在意那些不利于我成功的障碍呢！"

每位成功的销售员都懂得这样的道理：成功从心态上开始，如果你的心态是消极的，成功将永远离你而去，任何会削弱你力量、信念、智慧的负面思维，都只能带来空虚和压力，而不能成就任何事。

作为销售新人的你想要的业绩是什么？是一天签出10份订单，还是忍受100次拒绝？如果你把注意力集中到你想要的业绩上，集中到你想签到10份订单上，你就不会害怕客户的拒绝，也不会去计较客户的拒绝。这种积极的心态，会让你保持旺盛的斗志和进取向上的精神，并能把自信、积极、热情的一面展现给你的客户，这种专注的精神会促使你达成自己想要的业绩。

　　但如果你把注意力集中在挫折和失败上，集中到一天可能遭受100次拒绝上，你就会变得消极起来，害怕去拜访客户，而消极的人是无法完成自己想要的业绩的。对于刚入此行的销售新人来说更是如此，因为你自己从来没有像现在这样时时处处遭人白眼，遭人拒绝，如果你把注意力集中于挫折而非业绩上，那你必将失败。其实，一个销售员是否成功，就在于他的心态是积极的还是消极的。当某种困难出现在你面前时，如果你去关注那些困难，那你就会因此而消沉。但如果你把注意力放在如何排除困难上，你就会感觉到自己心中充满阳光，浑身充满力量。

　　伊藤，在日本销售界被称为"销售机器"。他刚从事这一行业时，似乎永远不知道疲倦，每天早晨天空还亮着星星，他就开始出门拜访客户了，晚上经常工作到十二点。除了投入比他人更长的时间外，他还骑车在市内、近郊挨户拜访，以提高拜访效率。进入公司11天后，本公司对当月业绩进行结算时，伊藤以优异的成绩夺得新人奖，甚至单位主管还不敢相信一名毫无经验的销售新人能在短短11天内创下如此惊人的业绩。

　　严格说起来，伊藤既无专业知识又无销售经验，但他拥有一个信念——"我要成功"。他把所有的注意力都放在了追求业绩上，因为业绩就是成功。

　　作为一个毫无经验又缺乏销售技巧的新人，一定要选择好你专注的焦点。凡事要积极思考，将注意的焦点完全集中在你想要的业绩上，千万别放在你遭遇的挫折和拒绝上。假如你矢志不渝地追求你的目标和成就，它们就会变成一种动力主导你的行动。假如你真的想要增加销售业绩，并把注意力集中于此，你就会发现其实自己正在向这一目标努力。你越是专注于你想要的东西，你就会越执着努力地去得到它。你对它们想得越多，你的成功就会更快地到来。

客户是资产

——挖掘客户关系，追踪客户终身价值

卡耐基说：成功来自85％的人脉关系，15％的专业知识。销售人员应当不断地去挖掘、培养客户，培养人脉资源，这样做起工作来才会事半功倍。

找到客户是销售首要任务

客户就是销售员的衣食父母，而对于初出茅庐的销售新人来说，最难办的问题就是怎样找到客户。只有找到了客户，你的销售才能节节攀升，因此，作为一名销售新人，你必须充分重视客户，并不断培养自己开发客户的本领和技能。

客户在哪里呢？其实回答这个问题并不难，用销售行业里的一句名言作答就是：客户就在你身边。

作为销售新人，或许你会不以为然地发怨气道："你说得倒是简单，要是那样的话，每个销售员每一天都有骄人的业绩了。"如果这样认为，你就错了。客户就在你身边，这是给所有销售员指出的一条发掘客源的光明大道。不要以为擦肩而过的都是与你无关的行人过客，其实他们都是你潜在的客户。

销售新人应当养成随时开拓潜在客户的习惯，因为任何人都可能成为你的客户。许多销售新人甚至老销售员在寻找客户时，总是费尽心机，吃尽苦头。造成这种局面的原因，多半是销售员们思想上出现了问题。实际上，只要你勇敢地主动出击就会发现，你的客户市场是无限广阔的。

销售新人不要因外表形象及业务素质等条件不够优越而产生消极心

理，只要有足够的客户拜访量，基本上就可以取得可喜的业绩。相反，销售新人如果不敢大胆地去拜访客户，那么他即使具备极高的素质、完美的形象，也不可能有好业绩。因此，销售新人一定要勇于寻找和拜访客户。

销售新人寻找客户，通常可以从两方面着手：一是企业，二是个人。

开拓企业方面的市场，必须先掌握与企业相关的信息，这些信息可以通过企业内部刊物搜集到，而其他行号名册、内部报纸、分类广告等也往往是市场信息来源。此外，销售新人还需要进一步打开思路，扩大搜寻区域，通过市场调查和走访来发掘客户。

至于个人市场的开发，根据销售员个人的喜好可能会有所差异，但搜集个人信息的一些途径还是大同小异的，即通过毕业生名册、同学录、同乡会名册、教职员通讯录，以及其他正式、非正式的名单来了解他们的情况，进而打开销售局面。

找到客户尚不足喜，由于客户是经常变化的，因此要不断更新和补充新的客源，在已有的客户中挖掘新客户，这是销售员能够持续拥有客户的基本前提。

关于搜寻和利用信息，行内总结出许多方法，在这里我们称之为新市场开发法。事实上，新市场的开发并没有想象中的那样困难，只要稍微动点脑筋，多方寻找新的客户，你就能开拓出自己的市场。从市场调查走访中寻找潜在客户，是在更大的区域和更广阔的视野内实现销售战略的秘诀。这样的搜寻不仅增加了销售机会，而且对维持一个稳定的销售量起着至关重要的作用。

也就是说，客户到处都有，关键是看你如何去寻找。

有些聪明的销售员，在搭公交车时向前座的乘客销售，有的向出租车司机销售，有的到商店里拜访……有的销售员更加高明，到商店销售时，见店里生意太好忙不过来，便充当店员帮忙招呼客人，几次下来不但赢得了老板的感激，也为自己赢得了高额订单。这些都是销售员发掘客户的好办法。销售新人应从中受到启示，积极开拓自己的客户市场。

不论在何时何地，销售新人都要有一种必胜的信念，万万不可自我设限，总是想着"我这种产品只卖给有钱人""郊区的客户可能很少"……这样下去，销售之路只能愈走愈窄，销售额自然愈来愈差。

不要轻率忽视任何人

在销售过程中，我们应该重视自己所遇到的每一个人。这"每一个人"包括你的客户，客户身边的所有人。因为即使再老练的销售员，也无法一开始就能判断清楚哪个人会购买你的产品，哪个人才是真正的购买决定者。

要知道：

1. 客户身边的人往往可以左右客户

有这样一位医药代表，他的准客户中有一位开着一家小药店。每次他到这家店里去的时候，总是先跟柜台的营业员寒暄几句，然后才去见店主。有一天，他又来到这家药店，店主突然告诉他今后不用再来了，他不想买这位销售员的产品，因为他们有更好的选择。这个销售员只好离开药店，他开着车子在镇上转了很久，最后决定再回到店里，把情况说清楚。

走进店时，他照例和柜台上的营业员打招呼，然后到里面去见店主。店主见到他很高兴，笑着欢迎他回来，并且马上决定购买他的产品。销售员十分惊讶，不明白自己离开药店后发生了什么事。店主指着柜台上一个卖饮料的男孩说："在你离开店里以后，卖饮料柜台的小男孩走过来告诉我，说你是到店里来的销售员中唯一会同他打招呼的人。他告诉我，如果有什么人值得做生意的话，应该就是你。"店主同意这个看法，从此成了这个销售员最忠实的客户。

这位销售员说："从那以后，我永远不会忘记，关心、重视每一个人，这是我们销售员必须具备的素质。"这个例子告诉我们，销售员在与人相处时，要想受到欢迎，就应真诚地关心别人、重视别人。每一个人，不管他是什么人，也不管他的实际状况如何，在内心深处都是非常重视自己的。

重视别人，自然包括重视客户的孩子、夫人甚至亲朋好友。通过客户的孩子，把自己对产品对销售的积极态度传染给你的购买决策人，从而激起客户的购买欲。记得曾有人说过："我非常赞成不时地为客户或客户的孩子帮一点儿忙，同时认为在商务活动中，这是一个被人们大大忽略了的手段。在商务关系中，间接地把孩子包括进来，总能给孩子留下深刻的印象。被人记住、被人欣赏，从长远的利益来看，通常能得到报答。"

2. 真正的决策者也许躲在客户背后

一位资深的保险销售员讲了这样一件事：

"我曾为一个成交希望很大的保单几次去一个客户家，有时甚至谈至深夜。记得有一回，当我从客户家的卫生间出来，走到走廊上时，忽然听到一个老人用沉重的语气对我的客户说：'说实在的，我不同意。前天他来时，看到我连声招呼都不打，根本没有把我这个老太婆放在眼里！我说不买就不买！我活了这么大年纪，从未投过保，不也过得很好吗？而且他们的保费那么贵，我可没钱买！'

"听到这些话后，我恍然大悟，这个我前天来时都未正眼瞧的老人，却是真正的'伏兵'。我做梦也不会想到是这个老人有购买决定权。

"我再也不能待下去了，便匆匆告辞。回到家我辗转反侧，不能入睡。怎么办呢？怎么才能缓和老人家的抗拒情绪呢？我被这个问题困扰着。第二天，我路过一家商场时，突然灵机一动：对，买床电热毯送给老人。于是我去户籍处查了资料，得知还有 20 天是老人的古稀寿诞，便在电热毯上绣上'恭贺古稀寿辰'，赠送给了这位老人。

"不用说，老人惊喜一场。尽管最后把保单拿下了，可对我来说，我掏钱买人情，是对我自己的惩罚。告诫自己今后再也不能这么'有眼不识泰山'了。"

一个家庭中，究竟谁是购买决定者很难说，正常情形是夫妻共商，有时是妻子做主，有时是丈夫做主，有时候是丈夫出面谈判，妻子幕后指挥。但有时候，从婆婆到小孙子、小姑子，每个人都可能是有决定权的人物。

那么，怎么看出谁是购买决定者呢？一般讲，出来谈判的多半是，但为了防止"伏兵"，不要眼睛只盯着他一个人，必须注意他周围每一个人，因此他们都可能对他产生一点影响力，即使别人没有丝毫决定权。

3. 不能以貌取人

很多销售员时常捶胸顿足地痛悔自己错失了良机，而且是他们自己把机遇从身边推走的，出现这种错误的原因通常很简单：比如轻视了某个人。有这样一件事：

两个汽车交易厅在同一条街上打擂台，相互间竞争的非常激烈。有一天A厅来了个奇特客户：他穿着一条沾满泥巴的裤子，手里还拎着个塑料袋，总之他的形象与汽车展示厅显得格格不入。A厅的一个导购小姐皱着眉头走了过来："先生，您需要什么汽车！"这个人有点慌乱地说："啊，不，我只是看看！"导购小姐眉头皱得更深了，说："我们这的车都是展示的，你别给碰脏了，再说我们这儿也不是商场，跑这儿来参观什么！"导购说完后，扭头走了。这个人讪讪地站了会儿，也只好离开了。过了一会，他推门进了B厅，一个导购小姐看见了他，马上跑过来打招呼："先生，有什么可以为您效劳的吗？"这个人淡淡地说："我就是看看。"导购小姐紧跟在他身侧，每当这个人对某一款车多看几眼，她就赶忙介绍一番。这个人有点不好意思了："我不买车，只是看看！"导购却仍是满面笑容："我知道，不过让您了解一下也好啊！"听完导购小姐的话，这个人紧皱的眉头也舒展开了："小姐，我要买 30 辆 Z-Z 型农用车，你马上给我下单子吧！"导购小姐大吃一惊："可，可我们经理不在！"这个人温和地笑着说："不用找你们经理了，你对我的态度已经使我毫无保留地信任你！开票吧，我先付订金！"

因为轻视别人，A 厅的导购小姐失去了一个数额巨大的订单，如果她知道那位衣衫陈旧的人居然是个大客户，一定会后悔不迭吧！

其实生活中，很多人都是深藏不露的。很多机会也常常是披着陈旧的外衣而来的，轻视它，你就会把它从身边推走，而且很难再找回来了。这个案例的启示就是，作为一名优秀的销售员，切不可以貌取人，你必须养成重视销售中遇见的每一个人的好习惯。如果你能坚持做到这一点，那么你的业绩一定会直线提升。

在销售这条路上，我们会碰到各种各样的人，每个人都有自己的独特之处，你并不知道什么人会对你有所帮助，什么人能影响你的命运，所以每一个人我们都不能忽视，这样我们才能不错过任何机会，才能更快地走向成功。

挖出每位客户背后的"金矿"

你知道每个人平均认识多少人吗？250 个人！也许你不相信，那就让我们来看看它的由来吧！

乔·吉拉德从事销售不久，有一天他去殡仪馆，哀悼一位朋友谢世的母亲。他拿着殡仪馆分发的弥撒卡，突然想到了一个问题：他们怎么知道要印多少张卡片，于是，吉拉德便向做弥撒的主持人打听。主持人告诉他，他们根据每次签名簿上签字的人数得知，平均来这里祭奠一位死者的人数大约是 250 人。

不久以后，有一位殡仪业主向吉拉德购买了一辆汽车。成交后，吉拉德问他一般参加葬礼的平均人数是多少，业主回答说："差不多是 250 人。"又有一天，吉拉德和太太去参加一位朋友家人的婚礼，婚礼是在一个礼堂举行的。当碰到礼堂的主人时，吉拉德又向他打听每次婚礼有多少客人，那人告诉他："新娘方面大概有 250 人，新郎方面大概也有 250 人。"这一连串的 250 人，使吉拉德悟出了这样一个道理：每一个人都有许许多多的熟人、朋友、同事，甚至远远超过了 250 人这一数字。事实上，250 只不过是一个平均数。

因此，对于销售员来说，如果你得罪了一位顾客，也就得罪了另外 250 位顾客；如果你赶走一位买主，就会失去另外 250 位买主；只要你让一位消费者难堪，就会有 250 位消费者在背后使你为难；只要你不喜欢一个人，就会有 250 个人讨厌你。

由此，吉拉德得出结论：在任何情况下，都不要得罪哪怕一个顾客。而与一位顾客搞好了关系，你就拥有了一大批潜在顾客。

在吉拉德的销售生涯中，他每天都将 250 定律牢记在心，抱定生意至上的态度，时刻控制着自己的情绪，不因顾客的刁难，或是不喜欢对方，或是自己情绪不佳等原因而怠慢顾客。

这就是说，人与人之间的联络是以一种几何级数来扩张的。无论是善于交际的人，还是内向木讷之人，其周围都会有一群人，这群人大约250 个。而对于销售员来说，这 250 人正是你的客户网的基础，是优秀的销售员的财富。

建立良好的客户关系网络，与客户交往过程中以诚相待，同客户交朋友，分担他们的忧愁，分享他们的喜悦。他们可能会向你介绍他的朋友、他的客户，这样，你的客户队伍将不断扩大。

同时，当你在和他们谈你工作上的困难时，他们很可能会主动地帮助你，介绍新的客户给你认识或者帮你直接把生意做成。

不胆怯，不逃避

挨家挨户销售有时被称为"扫街"，有的销售员可能会觉得，这有什么了不起的，谁都能做到。但事实上，很多销售员都做不到这一点，一些销售员往往是有意避开那些会给自己带来压力的家庭或公司，这样做是不明智的，对销售员来说，一次逃避也意味着一次机会的丧失。

许多销售高手都有自己独特的销售术，但是水平再高的技巧也是从挨家挨户销售中长时间磨炼出来的。对于刚进入销售行业的新手来说，更要咬紧牙关，忍受被人奚落、言语不合拍、不满等痛苦，挨家挨户，一个公司接一个公司地多做访问。

每户必访本来是销售工作不变的基本原则。可有些销售员面对一些大企业、大公司或别墅雅舍很觉自卑，因而踌躇不前。于是便抱着避难就易的心理——把每户必访变为择户销售。他们逃避的都是什么样的客户呢？就是在心理上要躲开那些令人望而生畏的客户、会给自己带来压力的客户，而只去敲易于接近的客户的家门。这种心理正是使"挨户销售"的原则一下子彻底崩溃的元凶。

销售员们要注意，这种想法一旦产生就要立即摒弃，因为这是你向困难低头的第一步。

作为一个销售员，你要明白一个道理：每一个从事销售工作的人都面临着巨大的挑战，每时每刻都可能出现失败与挫折。销售员应当具有非凡的意志力，意志薄弱、逃避主义者成就不了大事业，有才能、有坚强的毅力，才会取得成功。

应该考虑到，尽管躲避一次看起来不算什么，但如果你不敢正视困难有了避重就轻的思想，它必定会导致第二次、三次的同样结果。那么，销售员在什么情况下想要甩掉什么样的用户呢？

大体有以下几种：

1.曾冷淡拒绝过自己的家庭和有同样印象的家庭。特别是当一日销售刚刚开始时，就受到拒绝。

2. 不管你承认不承认，遇到比自己或比自己家经济实力强得多的门户（从房屋外观判断），当对自己的商品知识和销售技术没有信心时，这种心理最强烈。

3. 一清早就下雨等客观条件的原因，使自己心情不快时。

4. 首先想到被访人的家门比自己住宅的门大而气派。

5. 进入到最里面的一座房子，感觉到有物理上的、距离上的阻力。

6. 认为在门口或通过窗户看到的人在理智上和感情上是难以对付的人。

莎士比亚说："如此犹豫不决，前思后想的心理就是对自己的背叛。一个人如若惧怕'试试看'的话，他就把握不了自己的一生。"

要知道，一个人一旦投身销售这个行业之中，就得面对永无止境的自我挑战，为证明自我，为突破自我，勇往直前，绝不轻易回头，甚至逃避。因为每一个人梦寐以求的，无非是证明自己在人生中是个不败的勇者，而销售正是最适合论证这个结论的行业。这个行业是个很现实的行业，故步自封、自卑者马上会尝到被淘汰出局的苦果；不过，它也很有人情味，只要你能不断成长，那么你的付出必然会获得丰厚的回报！

一次逃避，紧接着在心理上就会产生继续下去的要求。这就如同婴儿被抱过一次后，当满足不了同样的愿望时，就会再次哭闹一样。

所以，应该记住，逃避绝对不能有第一次，有第一次便有第二次、第三次。销售员的访问销售只有一个原则：挨家挨户销售。

销售员应当勇于挑战自己，不能胆怯、不能逃避，无论面对什么样的客户都要勇往直前，这样，销售的前景才会一片光明。

对客户的名字记忆犹新

销售员每天要跟许许多多的人打交道，对于这些人，你不应该见过就忘了，连人家的名字和样子也想不起来，这样的话，你绝对无法成为成功的销售员。

姓名虽然只是一个个体的符号，但却无比重要，如果你想通过别人的力量来帮助自己，首先要尊重别人的姓名。

有一位高级时装店的老板说："在我们店里，凡是第二次上门的，我们规定不能只说'请进'。而要说：'请进！××先生（小姐）。'所以，只要来过一次，我们就存有档案，要全店人员必须记住他的尊姓大名。"如此重视客户的姓名，不但便于时装店制作客户卡，掌握其兴趣、爱好；而且使客户倍感亲切和受到尊重，走进店里有宾至如归之感。因此，老主顾越来越多，生意越来越兴隆。

作为一名销售员，如果你是第二次拜访同一客户，就更不应该说："有人在吗？"而该改问："×先生在吗？"

说出对方姓名是缩短销售员与客户距离的最简单迅速的方法。记住姓名是交际的必要。而交际等于销售员的生命线，所以怎么能不记住客户的姓名呢？

当然，你不仅要记住客户姓名和电话号码，还应该记住那些秘书的姓名以及相关人员的姓名。每次谈话，如果你能叫出他们的名字，他们便会高兴异常。这些人乐意帮助你，常常给你的销售带来很多方便。

但是有些人对记不住别人的姓名似乎毫无办法，让人感到不可理解。

他们为何不做些扎扎实实的工作呢？只要用心去记，不断地重复，记住别人的姓名和面孔，不会有多么困难。

下面是一位成功销售员讲述的记住他人的名字与面孔的方法：

1. 通过多种方法加深印象

心理学研究表明，人们的记忆力问题其实就是注意力问题。人们常常忘记别人的名字，可是如果有谁忘记了我们的名字，我们就感到不高兴，记住别人的名字是非常重要的事，忘记别人的名字简直是不能容忍的无礼。

如何正确地记住别人的名字？如果没有听清，就及时地问一句："你能再重复一遍吗？"如果还不能确定，那就再来一遍："不好意思，你能告诉我如何拼写吗？"大多数人对于别人想正确记住自己名字的态度是很欢迎的，他们不会因为你的一再重复而不高兴。

要想记住别人的名字和面孔，还要留心观察。人们都说眼睛是心灵的照相机，能把人们注意的东西记录下来。我们如果闭上眼睛，头脑中就会出现多种多样的面孔，就跟看照片一样。大脑之所以能记住这么多面孔，就是因为眼睛用心看了。

2. 运用重复记忆法

也许我们都有过这样的情况，介绍给你的人不过 5 分钟就忘记了他的名字。而避免出现这种情况的有效方法就是多次使用他人的名字。

同时，如果你想让别人记住你的名字，你就应该多次利用机会在他面前重复你的名字。

与一群人见面时，首先粗略地记住四五个名字，花点时间写下来。然后再会见下一批人，再记四五个人，如此反复，直到把所有人的名字都写下来。你可试着把他们的名字编成一句话牢记在心。比如，你在一次宴会上同时会见十几个客户。你就可以试着把这些名字串起来，编成一句顺口溜，这样就不容易忘记了。虽然并不是总能编成一句话，但你知道了这种方法，记起别人的名字来就不那么困难了。

3. 联想一下相关的事物

怎样才能把要记住的东西留在脑海中？毫无疑问，运用联想是最重要的方法。

有一次，尼克在一个餐馆吃饭，没想到那家餐馆的老板在分别20年后，居然认出了尼克。而尼克以前从未注意过他，因此大感吃惊。

他急切地说："咱们是一个学校的同学。我叫克雷洛。"

尼克听完了并没有想起什么，以为他认错人了，可是，他不光能叫出尼克的名字，还说出了那所学校的名字。他见尼克面带困惑，进一步问道："你记得比尔吗？还有米洛？"

"米洛！我最好的一位朋友，我当然记得他。"

"那你记不记得整天和米洛一起上学的那个人？"

尼克大叫了起来："克雷洛！"他俩紧紧地拥抱在一起。这正是联想所起到的非凡的作用。

记住别人的名字会给你带来很大好处，有时有些好处出人意料。

凯威尔高中毕业后在一家连锁百货公司当销售员。他后来成为总公司的副总经理，他认为记住别人的名字和面孔对自己事业的成功很有帮助，虽然这不是他成为副总经理的原因。

有人曾问他是否经过专门的记忆课程训练。他笑着说："根本不必要。刚开始的时候，我的记忆力没有现在这么好。当时，我随身带个笔记本，每和一家连锁店的经理谈完话后，我就赶快记下他们的名字，甚至包括他们家人的名字、年龄以及其他相关情况。这样过不了几年，我就用不着那个笔记本了，除非又来了新人。"

做销售靠的是人缘，而如果想有个好人缘，首先就先要有个好记性，当你能够准确地叫出每个客户的名字时，你就可以称得上是个真正的销售员了。

认真对待老客户

一些平庸的销售员每天都忙于开发新客户，但他们的业绩却没有上升；一些优秀的销售员并没有那样"勤劳"地开发新客户，但他们却好像有做不完的生意。这是因为一般的销售员忽略了他们的老客户，他们不知道，老客户其实是一笔宝贵的资源，是一座金矿。

老客户已购买过销售员的产品，他们认识销售员，并且彼此之间建立了信任和友好的关系，所以，销售员不一定要去开发新客户，做好老客户的生意，也是一种有效的办法，优秀的销售员正是这样做的。

1. 老客户新契机

人们都喜欢购买新商品，你的热心会带动购买欲，勾起他们对新产品的期待。

2. 推荐销售附加商品或服务

你们公司也许销售各种不同的商品且提供不同的服务，但是客户很少会对你所从事的行业有全盘的了解。有时客户会说："哦，我不知道你也有那种东西。"当听见客户这么说的时候，就是销售员的失职。

3. 与客户一起用餐

如果你能把客户带离办公的环境，你就能发掘更多销售机会（并请他带一位要转介绍给你的人一起前来）。

4. 让客户帮助介绍新客户

这是一张记录着你的商品或服务表现的成绩单，也是一张能力的评鉴书，记录着你是不是有足够的能力获取消费者的信心，让他们把你介绍给他的朋友。

如果你无法说服现有客户为你进行转介绍，或是用"可以销售给他们的东西我都卖过了"诸如此类不成理由的理由来搪塞，这意味着：

①你无法与客户建立良好互信的关系。

②你的销售售后追踪服务可能做得不够好。

③你的客户发生一些问题，而你却不愿意去主动面对他的问题。

④你需要更多训练。

⑤大多数销售人员以为，打电话给客户除了销售之外，都是在浪费时间，没有比这更荒谬的想法了！

那些有办法与一个接一个的准客户完成交易的销售人员，总是让人赞叹不已。用心且诚实地审视你的客户名单，那儿还有数以百计的机会在等着你。

建立人脉关系的最基本的原则就是：不要与老客户失去联络。不要等到需要获得别人帮助时才想到别人。

优秀的销售员深知主动与客户联系十分重要，他们几乎都有一个相同的习惯，就是每天打 5 ～ 10 个电话，这样不但能扩大自己的交际范围，还能维系旧情谊。如果一天打通 10 个电话，一周就有 50 个，一个月下来，便可达到 200 个。

作为一名销售员，你要善于利用已有的人际关系，不断加深与老客户的情谊，你会发现这对你的销售工作大有帮助。

建立属于自己的客户群

对于一名销售员来说，建立属于自己的客户群是至关重要的。因此你必须对自己的客户有最详尽的了解，管理好你的客户名单。那么销售员应该做好哪些工作呢？

1. 建立自己的顾客信息

有一位名叫一川太郎的销售员极受顾客的喜爱。他是汽车销售员，每天早上开完早会后，他就向课长详细地报告当日行程，然后马上展开挨家访问。他的早课是中午以前会见10名用户，询问产品使用后的情况怎样，有时也会亲自调整汽车的零件、检查汽车机油是否无误，等等。据说，他的客户都对这种关心表示好感。特别是女性用户，更是欣赏之至。

一川太郎最厉害的招数是，若无其事地推动新客户进入自己的销售网中："太太，上次您提到一些朋友，目前情况怎样？希望有机会帮我美言几句。"对一川太郎来说，售后访问变成了发现准客户，而当前的客户，便成为最有力的情报源。大道理是一样的，具体方法还靠自己去搜求。

有力的情报源该如何建立？情报源的选取又该依照什么标准？一川太郎曾一一列举：第一，过去销售成功的客户，最适合担任情报源；第二，居于情报往来最频繁的地区，如商店老板，都是理想的情报源人选。听说一川太郎对这些老板非常亲切，他们也乐于将情报提供给一川太郎。其他角落其实也存在着顾客信息源，像左邻右舍、街道干部、托儿所的阿姨以及街头巷尾的老太太们，也都是有分量的顾客信息源。这些人在地区上都具有发言权，甚至还能影响当地舆论，因此要拉拢他们，成为自己销售的伙伴。

在公司方面，一川太郎是以私人关系建立人缘的。首先，他会找同校毕业的校友为他铺路；其次，再与同乡会的人搭上关系，有劳他们在各公司宣传。另外，如朋友聚会与其他种种餐会，也是攻略要地，只是彼此陌生，必须随时顾及对方感受，且不要忘记说声"请多关照"。

总之，顾客信息源是建立在人与人之间的交往中，因为是像蜘蛛网般的线路，所以不能经常地整理。最好是在客户生日时寄张小卡片或小礼物，随之附上一张名片即可。

一个销售员对于准客户的调查，不必考虑太多，也不可犹豫不决，机会稍纵即逝，因此必须立即行动，咬住不放。只有不断寻找机会的人，才能够及时把握住机会。

一位优秀的销售员能与销售融为一体，时刻都在想着怎样进行销售，从不放过任何一个机会来收集有助于进行销售工作的信息。

一个杰出的销售员，不但是一个好的调查员，还必须是一个优秀的新闻记者。他在与准客户见面之前，对准客户一定要了如指掌，以便在见面时，能够流利地述说准客户的职业、子女、家庭状况，甚至他本人的故事。由于句句逼真亲切，很快就能拉近彼此的距离。

与准客户见面的时候，就对方而言，是平生第一次见到你，但对你而言，就像 10 年的老友了。

准客户卡是销售作战的最重要资料，因此都被视之为"极机密"的档案。

2. 建立准客户卡

原田一郎进入明治保险公司，整整工作了 30 年。

原田一郎平均每个月用 1000 张名片，30 年下来，他累积的准客户已达 2.8 万个以上。他把这些准客户依照成交的可能性，从 A 到 F 分级归类，建立了准客户卡。

"A"级是在投保边缘的准客户。这一级的准客户，只要经他奉劝，随时都可能来投保。

一个准客户要从"F"级晋升到"A"级，虽然偶尔也有只见过一次面的，在原田一郎充分的事前调查工作基础上，一拍即合，但大多数都还是历经数月或数年，一级一级爬升上来的。

"B"级是由于某种因素不能马上投保的准客户。这一级的准客户，只要稍待时日，会晋升至"A"级。

"C"级的准客户与"A"级的相同，原来都属随时会投保的准客户，但因健康上的关系，目前被公司拒保。

"D"级的准客户健康没问题，不过经济状况不太稳定。由于人寿保险属长期性质的契约，保费须长期缴纳，若收入不稳定，要长期支付保费就成问题了。这类准客户则有待他们的经济状况改善后再行动。

总而言之，从"A"级到"D"级的准客户的共同点是，对保险制度有充分的了解，他们也都有投保的需要和意愿。原田一郎只不过就彼此间的不同点，加以分门别类，以便于自己的分析与辨认。

原田一郎从事了 30 年的销售保险工作，从来不勉强准客户投保。若忽视了这一点，而用种种软硬兼施的方法，勉强准客户投保的话，将会产生许多中途解约的后遗症，这是得不偿失的。

设法使准客户对商品有正确认识之后，再诱导他们自发前来购买，这是销售员的任务。

"E"级的准客户对保险的认识还不够，销售员与准客户之间还有一段距离。这表示销售员的努力不足，还须再下功夫进行深入调查。

"F"级的准客户包括两种：第一种是在1年之内很难升等级者；第二种是仅止于调查阶段。

针对第一种"F"级准客户，只得根据实际状况，再做调查，或继续拜访，以求能逐渐晋升等级。

至于第二种"F"级准客户，他们很可能富有、健康，但因为还在进行调查工作，因此尚未正式访问。这些人很可能在面谈之后，立即晋升至"A"级。

上述"A"级至"F"级的准客户，不论哪一级，只要原田一郎与他们一有接触，马上详细记在准客户卡上。诸如：

与准客户交往的情况：时间、地点、谈话内容、感想等。

如果不能见面，把原因详细记下。

自己为准客户所做的服务工作——记下。

自己对这次访问的意见。

原田一郎通常会根据这些准客户卡上的记录，回想当时交谈的情形与对方的反应，然后边想边反省，并做下列两件事：

①检讨错误的内容，加以修正或补充。

②修改自己的姿态，以便于更能接近准客户。

从准客户卡上，不但要看到准客户的全部情况，也要看出自己在这次销售中的全部记录，然后反省、检讨、修正，再拟订出下一次的销售策略。

除了上述的"A"级至"F"级的准客户之外，还有一种原田一郎自已都无法掌握其未来动向的准客户。原田一郎本打算将这些准客户归入"F"级，但因为自己的努力不够，或是他们的条件不合，致使无法把他们归类到"F"级。

原田一郎把这些无法归类的准客户整理成一堆，暂时束之高阁，等待时机。不过，每逢闲暇时刻，他会取出这些准客户卡，一一仔细检查，看看过去的做法是否有遗漏或疏忽之处，以便给这些卡片以新生命。

原田一郎说：我的每一张准客户卡都是有血有肉、有生命的。它经过多次的记录与检查后，已成为我的知己，陪伴我度过无数的岁月。在一张张卡片上，我看到了自己成长的足迹。

现代的社会是瞬息万变的，而准客户的情况也随时在变。所以我们要把握住每一个变化契机，然后进行最有利的行动。

建立一个详尽的顾客名单，并给顾客分类是一项很重要的工作，这样方便你了解自己的客户资源，并能牢牢地掌握住他们。

寻找客户"联络人"

为了更好地联络客户、抓住客户，我们不妨试着打造一个"客户俱乐部"。就是说把我们所有的客户都紧密地联系起来，并通过第三者的介绍，结识更多的客户。

锡伯杜是纽约联合保险公司的一名顶尖级销售员，他在从事这一行业的时候，就十分注意利用这种与客户的信任关系以及信任转移。

他刚到公司的时候，做的第一件事和大多数人一样，是挨家挨户的陌生拜访。每天一早，他就带着一些宣传单，挨街地发放、拜访。而他不是被关在门外，就是被当面拒绝。那时候，他并不了解人们为什么这么讨厌销售员登门，但他也没有就此退缩。后来，他干脆就把陌生拜访当成是自我锻炼的机会，每次都先做个深呼吸，然后才去敲门。

在拜访的同时，锡伯杜也做一些市场调查来了解人们对保险的认识。他遵照将拜访式销售作为商品销售的原点，从最基本的市场调查开始的原则，从住家到店铺，甚至从学校到警察局，他几乎跑遍了全纽约。后来，他决定从一个行业开始入手，他发现医院是一个很好的市场。于是，他开始扩充自己各方面的知识，以便同医生们建立共同的话题。

锡伯杜开始依照地图，去拜访纽约大大小小的医院和诊所。有一天，他正要去地铁站赶车，发现地铁站对面正好有一家医院，于是就向这家医院走去，刚到门口，就撞见一名穿白大褂的医生，锡伯杜一时有些反应不过来，就劈头盖脸地直接对他说自己是联合保险公司职员锡伯杜，希望医生能投保。

医生一看他，就笑了起来，因为一看锡伯杜就是刚刚从事保险销售，没什么经验。他觉得这个年轻人很有意思，就请他进办公室聊聊。进了办公室，锡伯杜就十分急切地将他平日里所了解到的保险知识全盘托出，还说他已经拜访了一整天了。

医生听过之后很喜欢锡伯杜，也知道他是个销售新手，就对他说出了心里话。他说保险实在很高深，他已经投了五六份保险了，每次销售员都说得天花乱坠，但事后就一问三不知。医生还拿了自己的两份保单给锡伯杜看，就是给他当作学习的材料，拿回去评估。

锡伯杜拿了保单，充当了医生的家人，分别拜访了医生投保的两家公司，以确认保单内容。

然后详细做了笔记，图文并茂，并标记了重点。几天以后，锡伯杜再次去拜访那位医生，医生和他的会计师看后都极力称赞他这份评估做得好。医生就正式请锡伯杜重新为他设计现有的几份保单。于是，锡伯杜就根据医生的要求做了调整，医生十分满意，还与他签下了一份3万美元的保单。

后来，这位医生又把锡伯杜介绍给了其他的医生。他们也都让锡伯杜为他们现有的保单进行评估，并与锡伯杜签下了数额不等的保单。通过这样的层层介绍，锡伯杜从一个医师团体被介绍到另一个医师团体，他终于在公司职员中成了医师客户占有率最高的销售员。

锡伯杜在进入公司的第二年，就顺利成了销售冠军。接着，他又开始拓展其他行业中的业务量，建立了很大的一张客户网。

可见，通过第三者的介绍是一条寻找客户的捷径。第三者介绍的主要方式是信函介绍、电话介绍、当面介绍等。接近时，我们只需交给客户一张便条、一封信、一张介绍卡或一张介绍人名片，或者只要介绍人的一句话或一个电话，便可以轻松地接近客户。

当然，介绍人与客户之间的关系越密切，介绍的作用就越大，我们也就越容易达到接近客户的目的。介绍人向客户推荐的方式和内容，对接近客户甚至商品成交都有直接的影响。因此，我们应该设法与客户搞好关系，尽量争取有关人士的介绍和推荐。但是，我们还必须尊重有关人士的意愿，切不可勉为其难，更不能欺世盗名，招摇撞骗。

当然，第三者介绍接近法也有一些局限性。由于第三者介绍，我们很快来到客户身边，第一次见面就成了熟人，客户几乎无法拒绝我们的接近。这种接近法是比较省力和容易奏效的，但绝不可滥用。因为客户出于人情难却而接见你，并不一定真正对你销售的产品感兴趣，甚至完全不予以注意，只是表面应付而已。另外，对于某一位特定的客户来说，第三者介绍法只能使用一次。如果我们希望再次接近同一位客户，就必须充分发挥自己的接近能力。

也就是说，我们要想成为卓越的销售员，你必须随时考虑各种策略，不断努力。如果你的表现让你的客户觉得你很有敬业精神，可能产生这样的效果：即便你不积极地去争取，客户也会自动上门。能够做到这点的绝对是一个顶尖的销售员。

如果你的老客户对你抱有好感，就会为你带来新的客户。他会介绍自己的朋友来找你。但是这一切的前提是你用自己的魅力确确实实感染了他。而且你们之间有一种信任的关系，也许是那种由于多次合作而产生的信任关系，但不一定是朋友的关系。因为总是有一些人把工作和生活分得很清楚。其实，只要你让你的老客户对你产生了这样的好感，他会对他的朋友介绍说："我经常和某个销售员合作。他很亲切而且周到，我对他很有好感。"既然是朋友的推荐，那位先生一定会说："这样啊，那我也去试试看。"

所以基于这种想法，你平时要不断地设法拓展自己的客户群体。当然，去争取新的客户固然很重要，但是留住老客户更加重要。只要能好好地维系和每一位老客户的关系，建立一个和谐的"客户俱乐部"，你或许能因此而增加更多新的客户。相反地，失去了一位老客户，则可能使你失去许多新客户上门的机会，绝对不能做这样的事。

那么，如何建立这样一个客户群体，并使客户介绍朋友给你呢？

1. 组织团队活动

可利用一些时间，将所有客户集合组织起来，举办一些参观名胜古迹、搭车游览、聚餐、听演讲等活动，借此机会，和客户联络感情。而客户方面，大家虽然未碰过面，但既处于和该公司如此亲密的关系之下，彼此之间就较容易沟通。如果有的客户相互之间已经认识，你这样使他们又聚在一起，他们也会很高兴。这样，将有助于客户对公司形象的塑造，使公司形象成为他们津津乐道的事，从而吸引更多的客户。

当然，还可重复举办这种集体化的活动，甚至，可借此成立某某会、某某团，使客户成为该团的成员，公司则以贵宾之礼相待之。

但需要注意的是，要选出一些重要的客户，引进贵宾服务的项目。客户们受到了特殊礼遇，就会产生感激的心理，从而更忠实于你，甚至帮你去开发新客户。

2. 与客户建立朋友关系

"朋友好说话。"如果我们与客户成了知心朋友，那么他将会对你无所顾忌地高谈阔论。这种高谈阔论中，有他的失意、有他的失落，同时也有他的喜悦，这时你都应当和他一起分享。他可能会和你一起谈他的朋友、他的客户，甚至让你去找他们或者帮你电话预约，这样你将又有新的客户出现。

同时，当你在和他谈不高兴的事，特别是工作上的困难时，他很可能会主动地帮助你，介绍新的客户与你认识或者帮你直接把生意做成，使之成为你永久性的客户。

3. "客户俱乐部"成员要及时更新

客户俱乐部成员是经常变化的，所以必须不断更新，使这一"俱乐部"始终保持一定的活力，这就需要我们做出合理的取舍。

在做合理取舍的同时，我们必须不断地补充进更加新鲜的血液，在已有的客户中挖掘客户，在挖掘出的客户中再挖掘客户，这是所有保险销售高手都擅长做的，同时也是其感受最深的。在这一过程中，你必须善于抓住有挖掘潜力的客户，要善于抓住客户中的权威者。

维系好客户关系对一个销售员来说是非常重要的，如果你能建立起一个"客户俱乐部"，并能使它良好运作，你就会发现自己的业绩不断攀升。

大家需要注意，有些客户讨厌这种接近方式，他们不愿意别人利用自己的友谊和感情做交易，如果我们贸然使用此法，会弄巧成拙，一旦惹恼了客户，再好的生意也可能告吹。

甄别准客户与"假"客户

在销售之前，首先要找到你的准客户，这样你才能展开销售。如果你找到的是"假"客户，那么即使你的工作做得再努力，最后也不会有结果。

美国一位房地产销售员去访问一家客户，这家太太对他说："我经常有 1000 万美元左右可自由使用，我先生忙于外事，无暇顾及家事，便由我做主来购买一幢别墅。"销售员一听喜上眉头，便三番五次地到她家拜访。一次他们正在谈话，有人敲门要收购酒瓶，这位太太便搬出了一大堆空酒瓶，销售员却发现尽是些普通酒，不禁心中生疑，既然这么有钱，怎么总喝普通酒呢？果然，偶碰其夫时，当销售员谈及别墅时，其夫很是惊讶："哪有这事，我做梦也不敢想去买别墅呀！"

这个销售员就没有找对客户，如果不是男主人点醒了他，那么他再跑一年销售也不会成功。

决定销售活动能否成功的因素很多，但最根本的一点，是要看销售的产品能否与顾客建立起现实的关系。这种现实的关系表现为三个基本方面，即顾客是否有购买力，是否有购买决策权，是否有需求。只有这三个要素均具备者才是你的准顾客。顾客资格鉴定是对顾客研究的关键，鉴定的目的在于发现真正的顾客，避免徒劳无功的销售活动，确保销售工作做到实处。

1. 有购买能力

在销售中我们常常碰到这样的情形：即使顾客有强烈的购买欲望，购买量也很大，但他缺乏足够的经济实力，那么顾客也就缺乏现实的购买能力，他的购买行为就暂时无法实现。

一个销售员在分析顾客的购买能力时，首先，要从考察经济环境入手，它主要是指社会生产的发展状况、经济增长的速度和人们消费水平对市场供求的影响，从而制约着公司的生产行为与销售员的销售行为。进一步考察经济环境因素对顾客购买力的影响有：经济发展速度和产业结构，制约着公司产品供应构成及其变化趋势；国民收入分配政策，以及公众消费水准，决定市场购买的整体规模和顾客购买的总体能力；市场产品的供求态势及其波动程度，以及价格指数的变动可能给销售成本带来的影响；微观市场的经济环境，包括进货、储藏、运输、销售的具体条件，在一定程度上给销售活动带来的影响程度；了解竞争同行的发展现状，以及本公司、本产品的市场占有率，以此作为制定销售方案和销售策略的依据。

其次，销售员掌握顾客购买能力的大小还要认真分析客观消费环境。销售员面对的客观消费环境，是指影响销售活动的消费因素之总和，其中主要是人的因素。顾客是购买能力的主体，这里考虑的相关要素有：

①消费者的收入多少决定购买力大小，从而影响市场的规模和取向；

②人口的地理分布反映了购买的地区差别，构成互有差异的消费群体，产生不同的购买特点和消费结构；

③人口性别差异形成不同特色的消费对象、购买习惯和购买行为

方式；

　　④顾客年龄不同、职业差异所形成的消费需求和购买行为上的个性；

　　⑤人口数量因素决定的市场购买容量和顾客购买潜力。

　　在分析顾客的购买能力时，销售员只有确认销售对象既有购买需求又有足够的购买支付能力时，才能列入"准顾客"的名单之中，否则，再投入多少时间与努力也是徒劳的。特别是洽谈那些批量大、价格高的产品交易事项，销售员在接触客户之前，应当对客户的自有资金数量、银行贷款规模、现有经济实力和企业信誉诸因素有所了解、有所掌握，事先对于客户有一番摸底调查。根据客户的实力情况和信誉度高低，有的采取一手交钱一手交货，有的可以实行分期分批付款，有的还可以实行赊购，进行期货交易。

2. 有需求

　　在国外销售界流行这样一则笑话：世上最蹩脚的销售员不外乎以下几类：向因纽特人销售冰箱，向乞丐销售防盗报警器。如果硬是把商品销售给那些既无购买需要又无购买可能的人，这样的销售员是愚笨的。我们既不赞成那种强加于人的摊派式倾力销售，更反对那些软磨硬泡并带有勉强性的销售方式。在客户的确不需要所销售产品的情况下，尽管有时候销售人员可以采用各种助销手法以招揽顾客，甚至还能揽到为数可观的订单，但这一切最终只能损害销售信誉，贬低销售员的人格形象。作为一名优秀的销售员，在找到了潜在顾客之后，必须全面了解顾客的内在需求和购买动机，正确判断自己所销售的产品是否符合客户的需要，针对客户的购买需要开展不同形式的销售活动。

所谓"需求欲望"就是销售对象也就是顾客是否需要你所销售的产品。有效地满足顾客的需要是销售工作成功与否的关键所在。假如你销售的产品是顾客根本不需要的，那么销售员无论花费多少口舌，其结果都是无功而返，枉费心机。销售过程中，顾客接受销售信息宣传，购买销售商品大致出于 10 种需要：

①习俗心理需要。销售对象因为种族、宗教信仰、文化传统和地理环境的不同，带来思想观念和消费习俗上的差异。

②便利心理需要。消费者普遍要求在购买商品时享受热情周到的服务，要求合适的购买时机与购买方式，得到携带、使用、维修及保养方面的便利。

③爱美心理需要。俗话说：爱美之心人皆有之。这句话说的便是顾客追求的消费心理需求。随着社会文明的不断进步与群众生活水准的不断提高，人们的审美要求也随之水涨船高，许多顾客和用户比过去任何时候都更强烈地追求美。

④好奇心理需要。许多消费者对一些造型奇特、新颖的商品，以及刚投入市场的新式产品或服务活动，会产生浓厚的兴趣，希望立即能够购买和使用。

⑤惠顾心理需要。一些消费者因为长期的消费习惯形成了不假思索、不加选择、按经验购买自己常年使用的某种品牌的产品，或者专门认准在某一个店号、一家商场购买商品。这是一种出于理智的消费心理倾向，这类顾客一般不易受外界广告宣传的影响。

⑥求实心理需要。这类顾客在选择厂家和购买商品时，比较注意是否经济实惠、价廉物美。特别是他们对产品价格的变化非常敏感。

⑦偏爱心理需要。在销售对象中，因为自身的兴趣爱好、职业特点、文化素养、生活环境等因素影响，也有部分顾客对某些品牌的商品或者某些名牌店家提供的服务，存在着一种明显的需求欲望和消费偏好。

⑧从众心理需要。这是一种赶时髦、追新潮、紧跟时代潮流的心理需求。在现代社会，人们受舆论、风俗、流行时尚的引导，所见所闻对自己触动很大，致使一般的顾客都会迎合时尚。

⑨名牌心理需要。有不少消费者愿意接受名牌厂商的宣传销售，信任名牌商品，乐意按心目中的品牌认识选购商品。

⑩特殊心理需要。即人们希望自己在判断能力、知识层次、经济地位、价值观念等方面高于他人，独树一帜。

3. 有权力购买

在实际销售过程中，销售人员应该了解顾客的组织机构运作状况，分析对方公司的领导管理机制，掌握销售对象内部主管人员与部门领导之间的权力范围和职责界限，从而把销售努力集中在对此最具购买决策权的"当事人"和"领导圈"，才能有效地进行销售洽谈。

在通常情况下，许多客户单位的采购决定权，并不是掌握在少数单位领导人的身上，有实际控制权力的人常常是采购部门的主管人员和办事人员。以一家百货商场为例，日常需要购进的商品种类、规格、价格、数量，以至选择哪一家供应厂商，并不是事无巨细都由总经理裁决，而大多数情况下由二级部门经理和采购人员、办事人员商量最终达成一致。若销售人员不了解这种情况，几次上门都径直找总经理联系，而没有与采购人员和部门领导人打交道，那么这样的销售是很难获得成功的。

　　选择销售对象是制定销售计划和确定销售策略的前提条件。随着市场经济的发展，竞争日益激烈，销售工作日趋复杂和艰难。一个公司的规模再大，产品竞争能力再强，销售方法和技巧再精明，也不可能赢得市场上所有的潜在客户，这就要求销售员必须为自己划定特定的销售对象和销售范围，满足其中一部分潜在客户的需求，根据本企业的产品特点和宣传优势，从整体市场上选择恰当的销售对象。科学地发现和选择客户，可以利用有限的时间与费用，全力说服那些购买欲望强烈、购买量大、社会影响大的"名流顾客"，借以减少销售活动的盲目性，提高销售工作的成功率。

　　销售员走出工厂大门，面临的首要难题就是把产品销售给谁，换句话说，谁是自己的潜在顾客。一位销售大师说：找到了顾客，销售就成功了一半。实践证明：能否正确选择销售对象，直接决定着销售的成败。成功销售的基本法则是：向可能购买产品的人销售。劝说无购买欲望与无购买力的顾客购买产品，无疑是费力不讨好，结果是事倍功半。

　　通过销售对象的恰当选择，销售员可以利用有限的时间、精力和费用去说服那些购买欲望强烈、购买力大的目标消费者，减少销售的盲目性，提高销售的成功率。

　　那么选择准客户的基本方法有哪些呢？

　　第一，对可能的潜在顾客进行分析归类。

　　销售员为了提高自己的销售业绩，使自己的工作更加有的放矢，必须在众多的潜在顾客名单中挑选出最有希望、最有购买可能的顾客。这样做对于销售人员来说是非常重要的，否则，盲目地进行上门销售或宣传促销会造成效率低下，有时还会受到一些客户的抵触。根据欧洲著名销售家戈德曼尔的调查研究，一个销售员若事先把潜在顾客进行合理的分析归类，可以使销售活动的效果提高30%。

在实施销售期间，对潜在的顾客和用户的分析归类应建立在调查研究的基础上。依据销售人员掌握的市场信息，通常可以将潜在顾客分为三类：第一类是有明显的购买意图，而且有购买能力的潜在顾客；第二类是有购买动机与购买需求，最终会购买的潜在顾客；第三类则是对于是否购买尚有疑问的潜在顾客。经过分类归纳，销售人员应把自己的工作重点放在第一类和第二类潜在顾客身上。

第二，对已有顾客进行深入分析，从中确定灵活的销售策略和可行的销售方法。

这项工作需要销售人员对现在已有业务往来的顾客进行全面分析，深入考察，研究为什么有些商品受到顾客的欢迎，购买这些商品的顾客属于哪个层次的社会人士，他们的收入水平和购买能力怎样，购买方式和特点又怎样。在研究得出这些详尽资料与可靠数据之后，销售人员便可发现潜在顾客的购买需求和购买动机，从而找出成功交易的销售办法。

向老顾客销售产品并不困难，原因是销售双方已经确立了稳定的往来关系，彼此有了一定的信赖感，现在的难点是如何深入老顾客的背后，通过他们找到新的顾客。通常来说，主顾之间的互相交往和联系，总是以某种共同的利益需求和共同的兴趣爱好为纽带的。有时，某一交际圈内的所有成员可能都具有某种共同的购买需求与消费动机，对销售工作来说可能是一大类顾客。以电子计算机产品的销售为例，当你了解到现有的一个用户是一家总厂，而它的分厂或协作企业如果准备从别的计算机公司进货，那么在同这家客户洽谈交易时，不妨问对方一句："你是否知道还有谁需要这类产品？"短短一句话，很可能为销售名录上增加一个新客户。所以，掌握和了解每一个现有客户的背景情况是非常重要的，它会随时给你带来销售机会。

约见与拜访

——从排斥感到吸引力，奠定销售发展基调

　　要想成功的约见与拜访客户，我们要学会换位思考，反过来想想，顾客凭什么接受我们的拜访，给他一个见我们的理由，千万不要让他觉得见你有压力，因为，每个人都喜欢自主自在，都不喜欢有压力，所以在约见和拜访客户的过程中，你需要创造一种轻松并美好的气氛。

约见客户首先要礼节到位

在销售过程中，约见客户是个非常重要的环节，它往往决定了你销售的成功与否。而一个优秀的销售员，是绝对不会忽略约会礼仪的，因为这是约会成功的必要保证。

1. 约会时间的学问

约见客户一般有两种约定时间，一种是自己所决定的访问时间，另一种则是客户决定的。自定的访问时间，是根据本身的销售计划或访问计划安排的，大都是确定的。例如考虑去甲公司访问，心想上午路上交通拥挤，而且即将访问的对象也很可能出去办事，还是决定下午去拜访他吧！而当准备去访问乙先生时，知道对方通常下午都去处理售后服务，所以最好在上午去访问为佳。对于计划去访问的丙太太，探听得知丙太太于每星期一、五下午要去学烹饪，如果不想空跑一趟必须避开这些时间，重新安排时间表。这类访问的时间是由自己决定的，若对于销售活动没有什么妨碍，是属于自己比较能控制的问题。

而比较麻烦的，是那种客户来决定的时间。谈生意的活动，一般来说多半是迁就客户的意愿，无法依照卖方的立场来定时间。在很多情况下，虽然你自己事先拟定了一个访问时间表，事实上仍旧必须循着客户决定的时间去办事，即要维持"客户优先"的原则。

而一旦与客户约定了见面的时间后，你就必须注意守时，如果不能很好地把握这一点，那么你就会因此失去一次销售机会。

有一次某先生想买一台计算机，和销售员约好下午两点半在他办公室面谈。某先生是准点到达的，而那位销售员却在17分钟之后才满头大汗地走了进来，"对不起，我来晚了。"他说："我们现在开始吧。"

"你知道，如果你是到我的办公室做销售，即使迟到了，我也不会生气，因为我完全可以利用这段时间干我自己的事。但是，我是到你这儿来照顾你的生意，你却迟到了，这是不能原谅的。"某先生直言不讳地说。

"我很抱歉，我正在餐馆吃午饭，那儿的服务实在太慢了。"

"我不能接受你的道歉，"某先生说，"既然你和客户约好了时间，当你意识到可能迟到时，你应该抛开午餐赶来赴约。是你的客户，而不是你的胃口应该得到优先照顾。"

尽管那种计算机的价值极具竞争性，他也毫无办法销售成功，因为他的迟到激怒了客户。更可悲的是，他竟然根本想不通为什么会失去这笔生意。

守时也不是说准时就可以了，最理想的是提早7～10分钟到达。准时去访问当然不会有差错，不过假如客户所戴的手表稍微快了一些，那事情就不好了，因为客户总是以自己的手表为准，尽管你所戴的表才是正确的时间，但是就客户而言，你已经迟到了。而有些脾气古怪的客户，认为约会迟到是不可原谅的事。即使没有发生这种客户表快的情形，而在约定的时间才到达，这样也会由于没有休息的时间，就马上进入正题，显得过于仓促。

但太早到也不好，比约定的时间早二十分钟以上，也许客户在同你会面之前要先与另外的人洽谈，那么你突然冒出来，会影响他们的气氛，致使客户心里不痛快。尤其是在做家庭拜访时，你早到二十分钟以上，可能这一家人正在整理房间，你的提早到达将使客户感到厌烦。

总之，比指定时间提早 7～10 分钟到达是相当合理的。比预定时间早点前去，可以获得缓冲的余地，至少可以喘一口气。假定在会见你之前有另外一位来客，而这个客人也许提前十几分钟离去，那你与被访问者的会面时间就可以增加十几分钟。提早些到达，尤其在夏天里，刚好得以擦拭汗水，使心情恢复平静，然后游刃有余地与客户交谈。在寒冷的冬季，从室外到来可能显得你面色苍白，那么若早几分钟到达，便能慢慢使脸上气色转佳。

为了使访问顺利进行，必须向客户询问最近路上的交通流量如何，或是从广播中听听有关路程的交通拥挤、交通事故、交通阻塞的状况，这样可以避免迟到。

2. 需要注意的其他约会礼仪

除了要守时约见客户外，还需要掌握其他重要的约见礼仪，只有这样你才能早日成为一名出色的销售员。

举例来说：一个销售员到客户办公室或家中访问，进门之前要先按门铃或轻轻敲门，然后站在门口等候，按铃或敲门的时间不要过长，无人或未经主人允许，不要擅自进入室内，当看见客户时，应该点头微笑致礼，然后再说明来意。进入客户的办公室或家中，要主动向在场的人都表示问候或点头示意。在客户家中，未经邀请，不能参观住房，即使是熟悉的客户家，也不要任意抚摸或玩弄客户桌上的东西，不要触动室内的书籍、花草及其他陈设物品。

要养成良好的卫生习惯，杜绝各种不雅举止。不要当着客户的面，擤鼻涕、掏耳朵、剔牙齿、修指甲、打哈欠、打喷嚏，实在忍不住，要用手帕捂住口鼻，面朝一旁，尽量不要发出声音，不要乱丢果皮纸屑等。这虽然是一些细节，但它们组合起来会构成客户对你的总印象。

另外，女性销售员必须注意的一点是：当着别人的面化妆是男士们最讨厌的女性习惯。当然女性在餐馆就餐后，让人见到补口红，轻轻补粉，还不是一件特别失礼的事。但是，当女性销售员在约见客户前，需要梳头、抹指甲、涂口红和化妆时，最好远离客户的办公室，请到化妆室或盥洗室进行。同样，在人前整理头发、衣服、照镜子等行为应该尽量节制。

掌握必要的约会礼仪，才能让客户在与你的接触过程中，对你产生信赖和好感，这对你的销售能否成功，也起着关键的作用。

让电话一打就约见有效

电话约见速度快并且灵活方便，是约见客户的主要方式。它使销售员免受奔波之苦，又使顾客免受突然来访的干扰，几分钟之内双方可就约见事宜达成一致。但销售员在运用电话约见时，要讲求技巧，谈话要简明、精练、语调平稳，用词贴切，心平气和，好言相待，特别是顾客不愿接见时不可强求。

获得电话约见成功的关键是销售员必须懂得打电话的技巧，让对方认为确实有必要会见你。由于顾客与销售员之间缺乏相互了解，电话约见也最容易引起顾客的猜忌、怀疑，因此销售员必须熟悉电话约见的原则，掌握电话约见的正确方法。

譬如，下列两位销售员电话约见某电子厂 A 厂长有关拜访时间的问话，由于销售员表达方式和用语的差异，其效果也大不相同。

甲销售员问话：A 厂长，我什么时间去拜访你好呢？

乙销售员问话：A 厂长，我在星期三下午拜访您，还是星期四上午来呢？

很明显，甲销售员完全处于被动地位，用语模棱两可，对方可以随时推辞或加以回避。而乙销售员的问话则恰恰相反，他对对方约见的时间主动确定，提出具体方案，好像早已料到对方一定会有时间安排会见。如果约见对方一时反应不及，便只好听从销售员的约见方案安排，让 A 厂长在他提出的两个时间上，做出"两选一"的择优决定，而无推诿回避的机会。乙销售员在电话中那句"在星期三下午还是星期四上午"的问话，很明显要比甲销售员那句"那你看什么时候"的说法效果好得多。

常见的电话约见方式有：

1. 直接进入主题法

下面一段问答式的谈话是一位最优秀的销售员介绍的，他的答案会使我们大受启迪。

问："您怎样开始？"

答："如果这位准客户是伊莲。她的秘书一接起电话，你就说：请转伊莲女士，我是×××（你的名字）。自信地说完这番话，不要用疑问句。"

问："这是什么意思呢？"

答："那么，让我们假定您说：'伊莲女士在吗？'第一，您暗示您并不知道她是否在办公室；第二，事实上，您并未要求和伊莲女士通话，您只是问她是否在那儿。这是完全不同的两句话。如果您知道她在那儿，您还是得要求和她通话，结果您又回到了最初的起点。而且这个问题很容易招来一个保护性的'不在'，然后可能是彻底地被拒绝。"

问："您有什么建议吗？"

答："有一种做法对我很有用，就是在打电话前，我会把伊莲女士想象成我的一位朋友。因此，我会说：'请转伊莲女士，我是×××（名字）。'十有八九，她会在一秒钟后拿起听筒。"

问："为什么不只说'请转伊莲女士'呢？"

答："您可以试试，很快您会发现一些问题。我报上姓名的原因，是因为绝大多数秘书会询问是谁打来的电话，您还是得回答她们。而且，通常接着还会问第二个问题：'哪一家公司？'如果你说出了公司的名称，秘书也通常接着问你们公司的业务。"

问："您是说您从来不会陷进这种处境？"

答："别误会，我说的是大部分情况下会出现的情况。"

问："您怎么处理大部分情况以外的情况呢？"

答："您所能做的最糟的事情就是躲躲闪闪。最好的问答是：'是××（公司的名字），她在吗？'您可以看出这位伊莲的秘书有三个选择：接通你的电话，告诉您她确实不在，或者了解更多的情况，如果她很忙，大部分情况下都很忙，最简单的事情就是把您的电话转进去。"

问："这就完了吗？"

答："不，很多时候，秘书会问您希望和伊莲女士谈一些什么事情。吞吞吐吐的回答只会把这次销售扼杀在摇篮之中，因为您在那儿犹豫的时候，秘书小姐已经在考虑如何才能尽快摆脱您。"

问："那怎么办呢？"

答："我会尽力躲过这个问题，并再一次提出约见要求，我会说：'您是她的秘书吗？我打电话来是希望安排一次与她的约见。是您来安排她的约会呢？还是我直接和她联系？'"

问："不过，如果这位秘书仍坚持让您回答呢？"

答："用最简短、最直接的方式回答这位秘书。向她保证您的电话只占用很短的时间。然后马上转开话题，要求和您的准客户通话。"

问："让我们假设这位秘书坚持说伊莲女士太忙了，所以没有时间与您见面，并试图让您和其他人谈谈……"

答："对付这种局面的最好办法就是告诉这位秘书你能理解伊莲女士的时间十分珍贵，您也十分高兴能和她的助手谈话，不过前提是这个人有批准购买的权力。如果您必须见到伊莲，那么最好的做法就是先撤退。在这种情况下，我会说：'在我和伊莲女士沟通之后，我会很高兴能和她的助手交谈。我并不是一定要在今天见到她。您建议我什么时候再打电话呢？'"

问："那么，那时候您就会得到和伊莲女士说话的机会了？"

答："一般是这样……"

2. 关心有加法

"经理先生，我是阳光电器公司的销售员温克，您上月10日寄来的用户调查表已经收到，非常感谢你们的大力支持。目前我公司新推出系列家电产品，质量和效果都比过去产品有较大的改进，售价也比同类厂家产品低一些，因此想尽早介绍你们单位试用。"从这段通话中可以得知，销售员与客户代表已经认识，并且有了一段时间交往，因此销售员可以直接在电话中向对方报上自己的公司姓名，立即进入谈话主题。在上述电话约见方法中，销售员温克利用自己与顾客代表的熟识关系，借感谢对方大力协助之机，推广新投产的产品并要求对方约见，层层推进，极为顺理成章。销售员以顾客利益为基准，使自己的促销宣传符合对方的需求，这种对顾客的关心自然会得到顾客的感激与报偿，从内心乐意接受销售员的约见要求，欢迎销售员的上门造访。

3. 问题明了法

请看下面这段电话预约："史密斯小姐，我是纽约钟表制造公司的销售员，今天冒昧打搅，想向您介绍我公司最近研制成功的一种考勤打卡钟，它的特点是准确、精巧，特别是质量可靠，在纽约试销时返修率不到万分之一。价格也比进口的同类产品低30%，很适合像你这样的商业企业使用。我打算明天上午 10 时或下午 4 时去贵公司拜访您，好吗？"这位销售员说理充分，问话符合"两选一"的约见原则，又给对方考虑的余地。对方接到这类电话预约，问题明了，要求约见的理由充分，通常是会同意与销售员直接面谈的。

4. 资料跟进法

许多公司常常只将有关产品的宣传资料或广告信函邮寄给顾客就万事大吉了，而忽视了更为重要的下一步，即"跟进销售"，因此常常就像大海捞针，收效甚微。不少顾客在收到销售厂商的函件资料之后，可能会把它冷落一旁，或者干脆扔进废纸堆里。这时，如果销售员及时跟踪顾客，打通电话与有关顾客联系，就可以起到应有的销售作用。比如有这样一段电话录音："您好，上星期我公司寄来的一份电冰箱的广告宣传资料收到了吗？看了以后，您对这一产品有什么意见？"通常来说，对方接到销售员的这种电话，或多或少会有一番自己的建议与看法。此时，聪明的销售员会立即提出约见要求，以便听取顾客对所销售产品的意见，届时他亲自上门向顾客讲解推荐，一笔生意很可能会谈成。这一预约方法，销售员是以预先邮寄的产品资料或广告信函为引子，让顾客在尚未见到销售员之前，先对产品进行评价。在约见过程中，如果顾客有意购买，自然会有所表露，销售目标也告实现。同时，约见之前销售员是以征求意见为理由，言下之意显示了对顾客的尊重和对产品的负责态度。如此以礼为先，以诚相待，顾客必然会对销售员产生好感，而拒绝约见的可能性便会减至最低限度。

5. 细致周到法

"主任先生，您好，我是 ×× 公司的销售员。昨天您和经理一道来我们公司门市部选购电子计算机，最后你们决定要等过了圣诞节再购买。现在刚巧有个好机会，从下周开始我公司开展促销活动，不仅每台计算机的价格可以优惠供应，而且实行三包服务，还负责培训操作维修人员，免收费用，我想你们不会错过这个绝好机会吧？因此，我建议你们公司还是赶快购买，最好在下周五上午来销售部选购，届时我在那里恭候您的光临，事后我保证派人送货上门。"销售员的此番言语，肯定能打动顾客的心，早买早用，又享受优惠价格和优良服务，何乐而不为呢？销售员能为顾客的利益想得如此周到，而且亲切有礼。顾客遇到如此约请，通常来说都会从百忙之中抽出时间，欣然前往赴约洽商。

不容有错的约见三要素

销售员在约见客户时，一定要弄清"who""when""where"，即约会对象是谁，约见时间是多少，约见地点在哪儿。不要认为这只是一件很简单的事，这三个要点往往会决定你销售的成败。

1. 确定约见对象

销售员必须搞清约见的对象到底是谁，认准有权决定购买的销售对象进行造访，避免把销售努力浪费在那些无关紧要的人身上。在确定自己的拜访对象时，需要分清真正的买主与名义上的买主。

曾有这样一件事：一名销售员与某机电公司的购货代理商接洽了半年多时间，但始终未能达成交易，这位销售员感到很纳闷，不知问题出在哪里。反复思忖之余，他怀疑自己是否与一个没有决定权的人士打交道。为了消除自己的疑虑，他给这家机电公司的电话总机打了一个匿名电话，询问公司哪一位先生管购买机电订货事宜，最后从侧面了解到把持进货决定权的是公司的总工程师，而不是那个同自己多次交往的购货代理商。

能否准确掌握真正的购买决定者，是销售成功的关键。跟没有购买决定权或无法说服购买决定者的人，不管怎样，都无助于销售。如果销售员弄错"讨好"的对象，就会白白浪费自己宝贵的时间。

弄清谁是真正的买主，谁是名义上的买主，与销售工作的成败和销售效率的高低有极大的关系。

销售中常碰到的一个棘手问题是销售人员不知道谁有权力拍板成交，有时候你会遇上没有决定权的名义上的买主，跟这些人打交道的不幸在于他们不厌其烦地与你交流，但又不会直接告诉你他是个无决策权的人。所以，弄清谁是真正的决策者，抓准关键人物，然后确定约见拜访的对象，对销售员来说无疑是很重要的。尽管我们认为需辨别真正的买主与名义上的买主，但并不是说要轻视那些有影响力的人物，如助手、秘书之类。这些人没有购买决定权是事实，但不一定没有否定购买的权力和影响。一旦销售人员得罪了他们，这些人就会在上司面前贬低你的产品，损害你的形象，到头来吃亏的仍然是上门销售的一方。特别是一些大型公司，有些主管常常把接见销售人员的事务全盘委托自己的下属、秘书或有关接待部门处理，他们一般不会开门见山直接与你见面，只有当手下的人将销售的情况汇报给他，使他觉得有必要见你的时候，销售员才能与主管直接见面。所以，在确定约见对象时，既要摸准具有真正决策权的要害人物，也要处理好相关的人事关系，取得他们的鼎力支持与合作，也是销售成功重要的一环。

2. 选择约见时间

在日常工作中，千万不要以为只有上门访问的时候才算销售。不少销售员其设想失败的原因，并不在于设想本身有误，也不在于主观努力不够，而是由于选择约见的时机欠佳。特别在进行未曾约定的销售访问时，由于事先没有通知和预约，很可能对方具有决策权的"真正买主"出差在外或正忙于手头工作。这时销售员突然上门，会使见面措手不及，也容易使销售活动无功而返。

销售要掌握最佳的时机，一方面要广泛收集信息资料，做到知己知彼；另一方面要培养自己的职业敏感度，择善而行。下面几种情况，可能是销售员拜访约见客户的最佳时间：

①客户刚开张营业，正需要产品或服务的时候；

②对方遇到喜事吉庆的时候，如晋升提拔、获得某种奖励等；

③顾客刚领到工资，或增加工资级别，心情愉快的时候；

④节假日之际或厂庆纪念、大楼奠基之际；

⑤客户遇到暂时困难，急需帮助的时候；

⑥顾客对原先的产品有意见，对你的竞争对手最不满意的时候；

⑦下雨、下雪的时候。

在通常情况下，人们不愿在暴风雨、严寒、酷暑、大雪冰封的时候前往拜访，但许多经验表明，这些场合正是销售员上门访问的绝好时机，因为在这样的环境下前往销售访问，常常会感动顾客。

由于访问的准顾客、访问目的、访问方式及访问地点不同，最适合的访问时间也不同。不能确定准确的访问时间，不仅不能达到预期的目的，而且还会令人厌烦。销售员确定访问时间时，应注意如下事项：

①根据被访问顾客的特点来选择最佳访问时间。尽量考虑顾客的作息时间和活动规律，最好由顾客来确定或由顾客主动安排约见的时间。销售员应设身处地为顾客着想，尊重对方意愿，共同商定约会时间。

②根据访问目的来选择最佳访问时间。尽量使访问时间有利于达到访问目的。不同的访问对象，应该约定不同的访问时间。即使是访问同一个对象，访问的目的不同，访问的时间也应有所不同。如访问目的是销售产品，就应选择顾客对销售产品有需求时进行约见；如访问目的是市场调查，则应选择市场行情变动较大时约见顾客；如访问目的是收取货款，就应选择顾客银行账户里有款时约见顾客。

③根据访问地点和路线来选择最佳访问时间。销售员在约见顾客时，需要使访问时间与访问地点和访问路线保持一致，要充分考虑访问地点、路线以及交通工具、气候等因素的影响，确保约见时间准确可靠，尽量使双方都方便、满意。

④尊重访问对象的意愿，充分留有余地。在约定访问时间时，销售员应把困难留给自己，把方便让给顾客。应考虑到各种难以预见的意外因素的影响，约定时间必须留有一定的余地。除非有充足的把握和周密

的安排，销售员不应该连续约定几个不同的访问顾客，以免一旦前面的会谈延长使后面的约会落空。

总之，销售员应该加快自己的销售节奏，选择有利时机约见顾客，讲究销售信用，准时赴约，合理安排和利用销售访问时间，提高销售访问的效率。

3. 确定约会地点

在与销售对象接触的过程中，选择一个合适的约见地点，就如同选择一个合适的约见时间一样重要。从日常生活的大量实践来看，可供销售员选择的约见地点有顾客的家庭、办公室、公共场所、社交场合等。约见地点各异对销售结果也会产生不同的影响，为了提高成交率，销售人员应学会选择效果最佳的地点约见客户，从"方便顾客、利于销售"的原则出发择定约见的合适场所。

①家庭

在大多数情况下，选择对方的家庭作为拜访地点。其中以挨家挨户地闯见式销售最为常见，销售的产品通常为日常生活用品。销售专家认为，如果销售宣传的对象是个人或家庭，拜访地点无疑以对方的居住地点最为适宜。有时，销售员去拜访某法人单位或团体组织的有关人士，选择对方的家庭作为上门拜访的地点，也常常能收到较好的促销效果。当然，在拜访时如有与顾客有良好交情的第三者或者是亲属在场相伴，带上与顾客有常年交往的人士的介绍信函，在这些条件下，选择对方的家庭作为拜见地点，要比在对方办公室更有利于培养良好的交谈气氛。但是，如果没有这些条件相伴，销售人员突然去某公司负责人家里上门销售访问，十有八九让对方产生戒备，拒你于大门之外。

②办公室

当销售员向某个公司、集体组织或法人团体销售产品时，一般是往对方的办公室、写字间里跑，这几乎成为一种最普遍的拜访形式。特别是在工作时间，他们始终待在办公室里，处理公务、联系业务，而在其他时间里销售员不容易找到他们。选择办公室作为约见地点，销售双方拥有足够的时间来讨论问题，反复商议促使销售成功。当然，与客户的家庭相比，选择办公室作为拜访地点易受外界干扰，办公室人多事杂，电话铃声响个不停，拜访者也许不止你一个人，或许还有许多意想不到的事发生，所以选择办公室作为造访地点，销售员应当设法争取顾客对自己的注意和兴趣，变被动为主动，争取达成交易。同时，如果对方委托助手与你见面，你还必须取得这些助手们的信任与合作，通过这些人来影响"真正的买主"做出购买决定。

③社交场合

一位销售学专家和公关学教授曾说过这样的话：最好的销售场所，也许不在顾客的家庭或办公室里，如果在午餐会上、网球场边或高尔夫球场上，对方对你的建议更容易接受，而且戒备心理也比平时淡薄得多。我们看到国外许多销售活动常常不是在家里或办公室谈成的，而是在气氛轻松的社交场所，如酒吧、咖啡馆、周末沙龙、生日聚会、网球场等。对于某些不喜欢社交，又不愿在办公室或家里会见销售人员的顾客来说，选择在公园、电影院、茶室等公共场所，也是一个比较理想的地点。

约见真正的决策者，把握合适的约见时机，根据约见对象选择好约见地点，如果你能做好以上工作，那么你的销售就已经成功了一半。

业绩与时间紧密相连

"一寸光阴一寸金"，对销售员而言，时间就是金钱，你必须明白你的时间观念和你的业绩是紧密相连的，因此，你必须学会管理自己的时间，运用自己的时间。

首先，你要把自己的时间运用得更有效率。

1. 把琐碎的时间利用起来

工作与工作之间总会出现时间的空当，人们都会在每件事情与事情之间浪费琐碎的片段时间，例如等车等电梯、搭飞机时，或多或少都会有片刻的空闲时间，如果我们不善加利用，这些时间就会白白溜走；反则积累起来的时间所产生的效果也是非常可观的。销售员在等汽车时总有十几分钟的空档时间，若是毫无目标地四下张望，就是缺乏效率的时间运用。如果每天利用这十几分钟等车的时间想一想自己将要拜访的客户，想一想自己要说什么，对自己的下一步工作做一下安排，那么，你的销售工作一定能顺利展开。不要小看不起眼的几分钟，说不定正是由于这几分钟的策划，你的销售取得了成功。

2. 制订一份合理的行程表

在时间的运用上，最忌讳的是缺乏事前计划，想到哪里就做到哪里，这是最浪费时间的。销售员拜访客户时，从 A 客户到 C 客户的行程安排中，遗漏了两者中间还有一个 B 客户的存在，等到拜访完 C 客户时，才又想到必须绕回去拜访 B 客户，这就是事先未做好妥善的行程规划所致，如此一来，做事的效率自然事倍功半。另外，一个节省时间的小窍门是某些私人事务也可以在拜访客户的行程中顺道完成，来减少往返时间的浪费。例如，交水电费、交电话费、寄信等，因此一份完整的行程安排表是不可或缺的。

3. 凡事都要限时完成

凡事必须定出完成的时间，才会迫使自己积极地掌握时间。俗话说，"住得近的人容易晚到"，其原因是住得近，容易忽略时间。例如，一些销售员为了方便上班，在离公司一步之遥的地方租房子，因为很快就可以到达公司，就像容易养成拖拉的坏习惯，结果往往是快迟到的时候才惊觉。事实上，不是时间不够用，而是因为消极的心态让你疏忽了时间的重要性。因此，要改变自己的想法，就必须用正确而积极的态度面对时间管理，要求自己凡事都得限时完成，如此，事情才会一件接着一件地完成，这才是有效率的工作。

时间是最容易取得，也是最容易浪费掉的资源，因此你应该知道自己每个小时应创造多少生产效益及收入。若你每个月希望挣到 2 万元钱，那么你应该计算一下，如果你每个月工作 25 天，那么每天的生产力就是 800 元钱，每天 800 元钱的生产力如果除以 8 个小时的实际工作时间，那么你每个小时的生产力就是 100 元钱，每当你花费了一个小时的时间，你应该问问自己，我这个小时是创造了 100 元钱的收入还是浪费了 50 元钱？

优秀销售员的收入之所以高，就是由于他懂得利用时间。在每天相同的工作时数基础上，如果你的时间管理能力是普通人的 2 倍，那么你每天所能拜访的顾客就是普通销售员的 2 倍。这样即使你的销售技巧及平均成交比率和他人一样，那么你也能创造出 2 倍的业绩及收入。

因此可以说，一个不懂得运用时间的销售员是不可能有很好的收入的。

分析所有那些被人们誉为"顶尖销售员"的人，你会发现，他们在和顾客面谈之前，都会做好调查工作。他们总希望能够事先拟定好最佳的会谈方案，以便即时提供给顾客。因此正式面谈一开始，他们的反应大都是："您的时间很宝贵，我也很忙碌，我们就开门见山谈事情吧！"可见他们是多么重视时间！这样不仅为自己，也为顾客带来了时间的节省和效率的提高。

一个销售员说早上 7 点到办公室的好处是："我比一般人早到 2 个小时，没有人和我抢着用复印机、传真机，又可以打电话给工厂的顾客服务代表，而且有时间修正前一天所做的日程表，然后还可以比其他人提早一个小时下班。"

有一家保险公司，以普通小客户作为主要访问的对象。

当时，其他保险公司的销售员，一天只访问 30 户左右，而这家保险公司的销售员，一天却要访问 100 户以上。每天 9 点一到，他们就来到负责区域，展开例行的访问活动，其他竞争对手往往 9 点半过后才姗姗而来。不用说别的，光说起步，这家保险公司就赢得了 30 分钟。

请教当地顾客之后，就会发现他们受欢迎的程度令人吃惊。这家保险公司的销售员，从没有中断过该地的访问活动，其他保险公司的销售员却偶尔才来，而且只逗留一会儿。照理来说，顾客不应该有太强烈的感觉，可是还是比较出来了，因为这家保险公司的销售员早上来得很早，留给顾客极为深刻的印象。只要一来，就被认为是来办事的，尽管只是一声招呼，却让顾客觉得很开心，结果，公司业绩扶摇直上，把其他保险公司甩在后面。

销售员第一天起步的时间，最好早于竞争对手5至10分钟。虽然只有短短的10分钟，一个月却累积成240分钟左右，一年就多了48个小时。

比竞争对手早到现场10分钟，不仅仅是单纯的数字不同，它后面所隐藏的意义不言而喻，上述那家保险公司的例子就是最好的证明。

虽然销售员要及早出门访问，但也不能不做准备就上路。访问切忌准备不周，所以要在前一日将资料备妥，顺便请上司提出意见。

销售员是可以自由支配自己时间的人，如果你不能好好地利用自己的时间，没有时间观念，那么销售的成功也就无从谈起了。

你的形象决定能否拿单

外在形象关系到我们留给别人的第一印象。作为一名销售员，如果你的仪表过不了关，那么客户就已经对你和你要销售的产品失去了兴趣——这么差劲的销售员，拿得出什么好东西吗？因此，销售高手都十分注意调整自己的外表，以期直接迅速地给客户留下最好的印象。

在日本销售界流行着这么一句话：若要成为一流的销售员，就应先从仪表修饰做起。而美国最优秀的销售大师法兰克·贝格也曾说过，外表的魅力可以让你处处受欢迎，不修边幅的销售员给人留下第一印象时就失去了主动。但如果我们能够意识到形象的重要性，并马上着手改善自己的形象，相信就会有所改观。有这样一件事，大家一起去看一下。

一位销售员刚刚进入销售行业时，他的着装打扮十分不得体，为此公司的一位顶尖销售员对他说："你的头发太长了，一点也不像个销售员，该理发了，每周都要去理一次，那样看上去才会有精神，领带也没有系好，衣服的颜色搭配得太不协调了，真该找个人好好请教一番了。"并且告诉这位新手，只有穿着打扮得体，才会更容易赢得别人的信任，更容易达成交易。

这位销售员觉得他讲的很有道理，听从了他的建议，每周去理一次头发，并且他还专门去向别人请教如何打领带、如何搭配衣服。这些虽然浪费了他许多金钱和精力，但是结果正如那位顶尖销售员所说的那样，他的投资马上就赚回来了。

有人说着装打扮不是万能的，但装扮不得体是万万不行的。这话确实很有道理。如果你的穿着得体，信心自然会大增。

而生活中，一些销售员常辩解说，天天都在外面跑，哪有时间换干净的衣服，连和女朋友约会都要灰头土脸地去。销售员工作虽然是一个回报丰厚的工作，但确实也是非常艰苦的。尽管如此，一个聪明的销售员也应该知道，外表是他的第一张牌。

比如有一个汽车交易商准备卖一辆二手汽车，他会怎么样做呢？直接把车开去卖了？不，很明显，他首先会把车送到车间里，将表面的擦痕都磨光，然后重新上漆；之后还要将车内装饰一新，换上新的轮胎，调试好其他设备，使一辆旧车"旧貌换新颜"。只有这样的汽车，才可能卖个好价钱。作为销售员也是一样。记住，仪表不凡和风度翩翩的你会在客户心目中增值可信度，合适的形象会为你的成功增加砝码。而衣着邋遢不只会损害你的个人形象，也会阻碍你销售的成功。销售员张某就遇到过这样的事情：

张某是一个出色的销售员，他在一次技术交流会上结识了一位经理，该经理对张某公司的产品颇感兴趣。两人约定了时间准备再仔细商谈一下。等到前往公司的那一天，下起了大雨，于是张某就穿上了防雨的旧西装和雨鞋出门。张某到了那家公司以后便递出了名片，要求和经理面谈，然而他等了将近一个小时，才见到那位经理。张某简单地说明了来意，没想到那位经理却冷淡地说："我知道，你跟负责这事的人谈吧，我已跟他提过了，你等会儿过去吧。"

这种遭遇对张某来说还是第一次，在回家的路上他反省着："是哪个地方做错了呢？"今天所讲的内容应是跟平常一样魅力十足地吸引客户的呀！怎么会这样？他百思不得其解。

然而，当他经过一家商店的广告橱窗，看到自己的身影后才恍然大悟，立刻明白自己失败的原因了。平时张某都穿得干净、潇洒而神采奕奕，而今天穿着旧西装、雨鞋，看来就像落魄的流浪汉。

可见，穿着打扮不同，给人留下的印象也会不同。

一位经验丰富的经理说："有一天，一个人来拜访我。他的穿着就像一部著名的老剧《上午之后》中的一个角色。他开始做了一个好得非同寻常的销售推介，但我的注意力总是无法集中。我看着他的鞋子、他的裤子，然后再把目光扫过他的衬衫和领带。大部分时间里我都在想，如果这位专业销售员说的都是真的，那他为什么穿得如此落魄呢？

"他告诉我他手中有很多订单，他有许多客户，他们也购买了大量的这种产品。但他的个人外表致命的显示他说的话不是真的。我最后没有购买，原因是我对他的陈述没有信心。"

再好的商品，如果被穿着邋遢的销售员拿着，商品也会随之得到不好的评价。因此，销售员只要有这样不合格的打扮，首先就会失去与他人竞争的入门机会，更不用说销售产品了。因此，请在衣着打扮上多花点时间、多花点金钱，这样做你绝对不会吃亏。

作为一名合格的销售员，任何时候都不能疏忽了自己的仪表。一定要尽己所能给客户留下良好的第一印象，只有在客户接受了你的情况下，他才会考虑接受你的商品。

着装的关键在于客户认可

对销售员来说，最重要的是打扮的适宜得体，这样才能得到客户的重视和好感。

适宜的衣着是仪表的关键，所以我们应该注意其服饰与装束。服饰的穿着没有固定的模式，应该根据预期的场合、所销售的商品类型等灵活处理。一般来说，我们穿白衬衣，打领带，配深色西装为宜。若故意穿奇装异服，想以此给你的客户留下深刻的印象是不明智的。再者，我们的衣着应与要走访的客户的服饰基本吻合，如果反差太大，你的客户将难于接受你及你销售的商品。另外，我们的衣着还应与客户所在的场合相一致，譬如说，如果你的销售对象是在工作场所，则穿着应较为正规；如果走访对象是在家中，则穿着应当随便一些；如果你走访的对象是高层管理者，则应注意服饰的品牌、质地。同时，我们也要注重自身的整洁状况和卫生习惯，如果你是男士，应经常修理自己的胡须、头发，给人以精神饱满的感觉，不修边幅、邋邋遢遢，就会失去销售机会。

那么，对于我们销售人员而言，究竟怎样的装扮才能称得上是得体呢？

要想做一个专业的销售员，一定要有一个适合自己的着装标准。对于男销售员而言，与客户见面时可以穿有领T恤和西裤，使自己显得随和而亲切，但要避免穿着牛仔装，以免显得过于随便。如果是去客户的办公室，则要求穿西装，因为这样会显得庄重而正式。在所有的男式服装中，西装是最重要的，得体的西装会使你显得神采奕奕、气质高雅、内涵丰富、卓尔不凡。

销售员在选择西装时，最重要的不是价格和品牌，而是包括面料、裁剪、加工工艺等在内的许多细节。在款式上，应样式简洁。在色彩选择上，以单色为宜，建议至少要有一套深蓝色的西装。深蓝色显示出高雅、理性、稳重；灰色比较中庸、平和，显得庄重而得体；咖啡色是一种自然而朴素的色彩，显得亲切而别具一格。

另外，西装的穿着还要注意要熨烫，口袋里不要塞得鼓鼓囊囊。切忌在西裤上别着手机、大串钥匙，这会破坏西装的整体感觉。

在选择领带时，除颜色必须与自己的西装和衬衫协调之外，还要求干净、平整不起皱。领带长度要合适，打好的领带尖应恰好触及皮带扣，领带的宽度应该与西装翻领的宽度和谐。

而在选择衬衫时，应注意衬衫的领型、质地、款式都要与外套和领带协调，色彩上与个人特点相符合。纯白色和天蓝色衬衫一般是必备的。注意衬衫领口和袖口要干净。

在着装的搭配中，袜子也是体现销售员品位的细节。选择袜子时，应以颜色为黑、褐、灰、蓝单色或简单地以提花为主的棉质袜子为佳。切记袜子宁长勿短，以坐下后不露出脚为宜，袜口不可以暴露在外。袜子颜色要和西装协调，最好不要选太浅的颜色。

鞋的款式和质地也直接影响到销售员的整体形象。黑色或深棕色的皮鞋是不变的经典。无论穿什么鞋，都要注意保持鞋子的光亮，光洁的皮鞋会给人以专业、整齐的感觉。

女性销售员在着装上，也有许多需要注意的地方，最好不要选择皱巴巴的衣服，这样会让客户觉得你很邋遢，而平整的衣服显得你精神焕发，所以应保持衣服熨烫平整。建议购买服装时多选择一些不易皱、不起褶的衣料。

在选择袜子时，要以近似肤色或与服装搭配得当为好。夏季可以选择浅色或近似肤色的袜子。冬季的服装颜色偏深，袜子的颜色也可适当加深。女性销售员应在皮包内放一双备用丝袜，以便当丝袜被弄脏或破损时可以及时更换，避免尴尬。

对于很多女性销售员来说，佩戴饰品能够起到画龙点睛的作用，给女士们增添色彩。但是佩戴的饰品不宜过多，否则会分散对方的注意力。佩戴饰品时，应尽量选择同一色系。佩戴首饰最关键的就是要与你的整体服饰搭配统一起来。

另外，给销售员的一个建议是，选择服装既不要过于时尚，也不能随心所欲。作为一个销售员，前卫时尚不适合你的身份，也不会对你产生任何积极的作用。建议你采用比较中庸的造型，这样一来，对于追求新颖的年轻消费者看来，你不是太保守；对于思想保守的中老年客户看来，你也是一个可以信赖的人。大方简洁的衣服也许不能给你增色，但至少不会给你带来负面影响，它不会让你看起来是轻狂的或者浅薄的，相反一个循规蹈矩的形象或许能够提升你的信任度！另外，有些年轻的销售员，总是凭着个人喜好，直接穿着喜欢的肥腿牛仔裤或者 T 恤衫去见客户，但这可能会给人一种不稳重的感觉，让消费者不信任。

因此，在工作的时候，销售员一定要改掉自己随心所欲的穿着习惯。衣服的选择一定要得体，应该跟你所从事的职业相适应，和你的身份、年龄、气质、场合相协调。

选择一套合宜得体的服装，会让你更有效地销售自己，进而成功地销售产品。可以说注意着装是成功销售员的基本素养。

一开口就把客户心锁打开

在销售活动中，我们与客户初次见面时，给予对方的第一印象最为关键。我们原本是两个萍水相逢的陌生人，要想在短时间内消除彼此之间的陌生感、拉近彼此之间的距离，就看你能不能说好"第一句话"。在与客户的交谈中，这第一句话也就是你的开场白。可以说，说好了开场白，你也就拥有了一把打开客户心扉的钥匙。

事实上，一个人碰到陌生人以后的第一个反应往往是关起心扉，然而他又渴望去了解探察对方。如果我们能够表现出爽朗善意、幽默的谈吐风度，对方便会逐渐了解到我们并非"来者不善"，从而谨慎地打开心扉。

有这样一个故事：

某报社往全国各地寄发了大量订阅单，预约期到了，可收回率却很低，于是他们又重新进行了一次全国性征订。这次在征订单上画了一幅漫画：负责订阅的小姐因为没有收到订阅的回音，正在伤心地哭泣。

这种销售可以说是高级的强迫销售，不但不会使客户反感，而且收效很好，理由就是它的含蓄和幽默。

幽默的人很容易打开别人的心扉，不但容易打动异性的心，也容易打动客户的心。幽默的语言有时能使局促、尴尬的销售场面变得轻松和缓，使人马上解除拘谨不安，它还能调解小小的矛盾。

老舍先生曾经举过一个例子：一个小孩看到一个陌生人，长着一只很大的鼻子，马上叫出来"大鼻子！"如果这位先生没有幽默感，就会觉得不高兴，而孩子的父母也会感到难为情。结果陌生人幽默地说："就叫我大鼻子叔叔吧！"这就使大家一笑了之。

朋友小赵在销售时，就使用了这样的幽默，结果恰到好处：

"您好！我是××公司的赵俊凯。"

"喔……"

对方端详他的名片有一阵子后，慢条斯理地抬头说：

"两三天前曾来过一个某某公司的销售师，他话还没讲完，就被我赶走了。我是不会买你的商品的，所以你多说无益，我看你还是快走吧，以免浪费你的时间，同时也浪费我的时间。"

此人既干脆又够意思，他考虑得真周到，还要替小赵节省时间。

"真谢谢您的关心，您听完我的介绍之后，如果不满意的话，我拿头撞豆腐自杀。不管怎么样，请您拨点时间给我吧！"

小赵故意装得一本正经的样子，对方听了忍不住哈哈大笑说：

"哈哈哈，你真的要拿头撞豆腐吗？"

"不错，就像这样一头撞下去……"

小赵一边说着，一边比画着。

"好吧，你等着瞧吧！我非要你撞豆腐不可。"

"看来，我非要用心介绍不可啦！"

话说到此，小赵脸上的表情突然从"正经"变为"鬼脸"，于是，准客户不由自主地和他一起大笑。

上面这个实例的重点，就在设法逗准客户笑。只要你能够创造出与准客户一起笑的场面，就突破了第一道难关，并且拉近了彼此间的距离。

下面，我们再为大家介绍几种颇具特色的开场白，相信只要你能灵活掌握、灵活运用，就一定能够在与客户的交谈中收到立竿见影的奇效。

1. 扬长避短

人人都有长处，也都有短处。一般来说，人们都希望别人多谈自己的长处，不希望别人多谈自己的短处，这是人之常情。与客户交谈时，如果我们以直接或间接赞扬对方的长处作为开场白，就必然会使对方感到高兴，并由此对你产生好感，双方交谈的积极性也就可以得到极大的激发。反之，如果我们有意无意提及对方的短处，客户的自尊心就会因此受到伤害，就会感到扫兴，感到"话不投机半句多"。

日本作家多湖辉所著的《语言心理战》一书中记述了这样一件趣事：被誉为"销售权威"的霍依拉先生的交际诀窍是初次交谈一定要扬人之长、避人之短。有一回，为了替报社拉广告，他去拜访梅伊百货公司的总经理。一番寒暄之后，霍依拉突然发问："您是在哪儿学会开飞机的？总经理能开飞机可真不简单啊。"话音刚落，总经理兴奋异常，谈兴勃发，广告之事当然不在话下，霍依拉还被总经理热情地邀请去乘他的自备飞机呢！

2. 表达友情

用三言两语恰到好处地表达你对客户的友好，或肯定其成就，或赞扬其品质，或同情其处境，或安慰其不幸，就会顷刻间温暖对方的心田，使对方油然而生一见如故、欣逢知己的感觉。

初次见面时交谈可以达到这种程度，跟从未见过面者电话交谈时适当地表情达意同样能使对方感动不已。

美国艾奥瓦州的文波特市，有一个极具人情味的服务项目——全天候电话聊天。每个月有近两百名孤单寂寞者使用这个电话。主持这个电话的专家们最得人心的是第一句话："今天我也和你一样感到孤独、寂寞、凄凉。"这句话表达的是对孤单寂寞者的充分理解之情，因而产生了强烈的共鸣作用，难怪许多人听后都愿意把自己的知心话向主持人倾诉。

3. 添趣助兴

其实，用风趣活泼的三言两语完全可以扫除客户的防卫心理，达到活跃气氛、增添对方的交谈兴致的目的。

要用三言两语就惹人喜爱、使人感觉一见如故，关键的工夫要花在见面交谈之前。在上面所讲的事例中，人们之所以能获得成功，除了拥有高超的语言技巧之外，无一不是在见陌生人之前就早已了解他的大概情况。

美国前总统富兰克林·罗斯福跟任何一位来访者交谈，不管是牧童还是教授，不管是经理还是政客，他都能用三言两语赢得对方的好感。他的秘诀就是：在接见来访者的前一晚，必定花费一定的时间去了解来访者的基本情况，特别是来访者最感兴趣的题目。这样，在见面交谈时就能有的放矢。

作为一个志在成功的销售员，我们切记、切记——一定要为自己精心设计一份开场白。说好它，你就能够赢得客户的好感，迅速拉近彼此之间的距离，甚至让他对你产生一见如故的感觉；说好它，就相当于为双方进一步的交往和交流开了个好头。

不动声色逆转客户的消极态度

登门拜访时，销售员往往会遇到对方的冷遇、怠慢，有时少数顾客还故意安排秘书、助手挡驾，给销售员设置各种求见障碍。销售员怎样排除当面约见时顾客的消极态度，使双方的洽谈有一个良好的开端，是摆在每个销售员面前的一道难题。

下面具体介绍几种工作方法与应对技巧。

1. 把握时间法

美国有一位房地产销售员，在房地产生意兴旺发达的时候，他曾参加过一次销售大奖赛。当时他已进入决赛圈，但必须再做成一笔生意才能成功。

正在他为这笔交易着急的时候，他接到了一个电话。但是无论如何，这个人也不肯把自己的名字和电话号码告诉他。这使他有点绝望了。但还是在顽强地争取。这位房地产销售员在电话中说：

"请问，我到您那儿去几分钟，见见您行不行？"

"绝对不行。"

"我能给您回电话吗？"

"我是在一个电话亭里。"

"啊，对不起，先生。我不知道您是在电话亭里。您知道您的电话亭是在哪条街上吗？"这时汤姆急于抓住任何一根救命稻草。

"我看看，我猜是在××大街的街角。不错，我就在这里。"

"请您别挂电话，等1分钟，好吗？"

××大街离销售员的办公室不过两个街区，他放下电话，跑出去，跳上汽车，"呜"的一声开出去。汽车尖叫着急停在电话亭边，那个打电话的人正在那儿站着，把电话机举在耳边，耐心地等待着呢！

销售员走上前去用手敲了敲玻璃窗，用手势告诉他："我来了。"

就这样，销售员赢得了那次销售大奖赛，他使那个人为他愉快地提供了一次再好不过的机会，使他在那次大奖赛中获胜。

2. 坦率请求法

既然销售员已和顾客直接见面，只要对方点头同意，拜见的目的就达到了。这时，约见的主要任务是为正式洽谈铺平道路，激发对方的兴趣与注意，使顾客认识到购买的重要性。因此，面陈自己的请求时，销售员不管语气还是用词，必须坦率诚挚，中肯动听，避免与对方发生大声争辩。

"我是得州艾克仪器仪表公司的销售员。今年我们公司研制开发了一种质量控制仪，专供丝绸纺织行业的厂家使用。目前全国已有200多个厂家采用，他们反映使用效果很好，可以减少次品率15%以上，并且安装简单，使用方便。所以，我很想把这种质量控制仪推荐给你们厂，现在您能否抽出半小时时间，让我给您详细讲解一遍吗？"

这位销售员首先将自己的身份和自己的公司介绍给顾客，以使对方了解自己的用意。进而，他详细说明所推荐产品的性能、作用和功效情况，更使顾客了解上门目的，引起对方的足够关注。最后，这位销售员及时提出约见商谈的请求，可谓恰到好处，看得出这是一位有经验的销售员。

3. 简述大意法

采购大型的机械设备、高数额的原材料，顾客通常先委托他的部属，如秘书、助理等人员与销售员洽谈，而不是直接与销售员进行购销面谈。但常常部属人员并不是真正的买主，他们无权决定是否购买，所以销售员在与接待人员洽谈时，应面带微笑，先自我介绍单位名称，除非对方追问，通常不做进一步应答，以免言多有失。应一面强调与其上司，即真正的购买决策者面谈的必要性，一面只对自己的来意做概略陈述，而故意将重要的问题保留，待与决策者见面时再做详述。特别是在销售的一些关键问题上更应慎重，否则就很难与真正的顾客相见。在这种情况下，销售员可以这样说："米琪小姐，这种机床的性能和功效大致就是这样，规格品种则由贵厂自选，至于销售价格我想还是和萨德先生见面后，我们再一起商议吧。"在提出约见请求时，这位销售员用了"我们再一起商议"的说法，当然这不是不把业务助理放在眼里，而是平等参与共同协商，因此也就不会伤害对方的自尊心，愿意安排与上司见面的时间。另外，销售员避轻就重提醒对方，接待员也知道自己无权做出购买决定，也会马上将有关情况汇报给上级主管。一旦上司阅过资料，听完汇报，发觉尚有一些重要问题必须请销售员当面说明，于是约见的机会就到来了。

4. 直陈利弊法

有些秘书和部属口齿伶俐、待人傲慢，往往借故推托不让销售员见到顾客本人，给上门拜访设置各种求见障碍，使得一些销售员的满腹希望化为泡影，特别是初次出马而经验不足的新销售员，只能放弃销售努力。销售员应利用这些助手、秘书、部属的一时心虚，微笑告诫提醒对方，以达到拜见主顾的目的。当接待人员故意设卡刁难时，销售员要用肯定而自信的语气告知对方："我拜见你们老总的目的，正是要设法解决贵厂生产的收录机接收性能不稳、音质嘈杂的问题，若他知道我今天来拜访他而没有见面，事后他一定会十分懊悔，甚至会怪罪于你，与其如此，不如让我亲自找他谈一谈。"对方听完这话，深知事关重大，自己负不了责任，为了避免事后担当责任，常常会立刻安排自己的上司与销售员见面的。有时对方精明老练，继续追问来意，而销售员则顺水推舟，辗转逼近，直陈利弊得失，一方步步为营，一方节节退让，在一进一退之间，销售员将对方心中的疑虑一一解开，直到与真正的主顾相见为止。

拜访的注意事项：

1. 表面上不要摆出"销售"的姿态

强调"绝不勉强客户购买"，通常，人无论自己需不需要，基于恐惧被销售的心理，第一个反应就是先拒绝了再说，因此一定要先将客户这种心理淡化处理掉。

2. 以做市场询查的措辞安抚客户的情绪

事实上的确有很多客户已购买了类似的商品，对于这种客户一定不要采取强迫销售的手法。

尤其是当客户有"被骗"或者对前一位销售人员有不满的情况时，这时一定会有一吐为快的冲动，多半会愿意打开门，这个时候对于客户的不满，销售员一定要有不为所动的气量，并且从中寻找再销售的空间！

作为一名销售员，你必须勇敢面对客户对你的消极、怠慢，并采取措施积极化解，只有做到了这一点，你才能在随后的销售中取胜。

给再访打下一个美丽铺垫

销售访问是一场长期的战斗，不是一次、两次访问就能解决问题的。有时候我们甚至要尝试几十次。一些销售员说："我不怕辛苦，多跑几次没什么。可是我不知道再访时应该找什么理由，直愣愣地站在那里实在让我难受。"找不到再访借口，是很多销售员都在发愁的问题。

我们为了追求业绩的增长，一般都会锁定几个自己认为比较有可能成交的准客户，并运用各种方法去接近他们，了解客户的基本资料和他们对商品的需求偏好，据此整理出商品的特色和优点，以激发客户购买的意愿，并达到销售的目的。

在交易过程的接近、说明、成交、服务等阶段里，接近客户是完成目标的基础工作，只有经过获得客户认同与信赖的接触后，才能完成整个交易。然而，许多销售员在好不容易得到拜访客户的机会后，却没有再接再厉、继续再访的行动，以引起客户购买的欲望。这样，一旦时间拖得太久，客户的需求意念降低，就算产品十分优良，想要再得到客户的认同也不大容易。所以，寻找再访借口是我们最需要了解与掌握的技巧。

以下有一些不同的再访借口，大家不妨参考一下。

1. 初访时不留名片

一般的销售员总是在见面时马上递出名片给客户，这是比较传统的销售方式，但是却难免流于形式，你不妨偶尔试试反其道而行的方法，初次与客户见面暂不留名片，说不定有令人意想不到的效果。

2. 故意忘记向客户索要名片

这也是一种不错的方法，因为客户通常不想把名片给不认识的销售员，尤其是不认识的销售新手，所以客户常借名片已用完或还没有印好为由，而不给名片。此时不需强求，不妨顺水推舟故意忘记这件事，并将客户这种排斥现象当作是客户给你的一次再访机会。

3. 印制几种不同式样或不同职称的名片

如果有不同的名片就可以借更换名片或升职为理由再度登门造访，但要特别注意的是，避免拿同一种名片给客户，最好在客户管理资料中注明使用过哪一种名片或是利用拜访的日期来分辨。

4. 在拜访时故意不留下任何自己的宣传资料

当客户不太能够接受但又不好意思拒绝时，通常会要求我们留下资料，等他看完以后再联络。这时候有经验的销售员绝对不会上当，因为这只是一种客户下逐客令的借口，资料给了之后很可能不用多久就被丢到垃圾桶，所以就算客户主动提出留下资料，你也要婉转地回绝，但要在离开之前告知下次再访时补送过来。倘若忘了留下再访的借口，也可以利用其他名目，例如资料重新修订印制完成后再送来给您参考，或是客户索取太踊跃，所以公司一再重印，等我一拿到新印制的资料就送来。

5. 亲自送另外一份不同资料

这份资料必须是客户未曾见过的，专业的销售员应当有好几份不同的宣传资料，才可以针对不同的客户需求提供不同的资料。

6. 搜集一些可以引起客户兴趣的资料

如果发现报纸或杂志上刊登着与商品相关的消息或统计资料，并足以引起客户兴趣时，都可以立即带给客户看看，或是请教看法。

7. 将资料留给客户参考

我们在离开前必须先说明资料的重要性，并约定下一次见面的时候取回，若客户不想留下也无妨，你把资料放下就走，客户就算不看也不会把资料丢弃。切记，约定下一次见面的间隔时间不可太长，否则可能连你也会忘记有这么一件事。

8. 借口恰巧路过，特别登门造访

说明自己恰巧在附近找朋友或是拜访客户，甚至是刚完成一笔交易均可，但千万不可说顺道过来拜访，这一点是要特别注意的，以免让客户觉得不被尊重。同时还要注意，不需要刻意解释来访的借口，以免越描越黑，自找麻烦。

9. 找一个自己精通的问题向客户请教

这不是要考倒客户，而是要了解客户的专业知识，所以千万不要找太难的问题，以能够给予客户发表空间的"议论题"为佳。

10. 拉上直属上司联袂拜访

通过第三者的造访，尤其是你的上司陪同前往时，更能提高说服力。因为上司协助销售员开拓业绩，会使交易达成的可能性大大提升。

11. 逢年过节别忘送上一份小礼物

这是接触客户最佳的时机和最佳的运作方式。当然，礼物的大小要自己把握，这是需要先判断清楚的。

12. 赠送公司发行刊物

运用免费赠予客户公司刊物的机会，作为再访的借口也是十分恰当的。例如，某些公司会出一些月刊、周刊、日刊，或市场消息，过年时送月历、日历等资料。

13. 拟定新的计划以供客户所需

销售的商品可以搭配成许多不同的组合，有人称之为"套装"商品，不同的组合与搭配会有不同的效用，可以借此向客户请教某些问题，询问他有何观点或建议。

14. 以生日作为开场白

若能适时记住客户或其家人的生日，到时候再去找客户并送上一张生日贺卡或鲜花，也不失为有效打动客户的方法。

15. 举行说明会、讲座

可以举办最新商品的资讯说明会，特邀客户参加，加深客户对商品的了解，或是提供免费的奖品，相信会吸引很多人前来参加。我们在送给客户邀请卡时，可以稍微解说一下讲座的内容，并在告辞前请其务必光临指导。

16. 运用客户问卷调查表接近客户

设计几份不同的问卷调查表带去请客户填写，问卷的内容主要在于

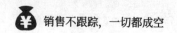

了解客户对于销售商品的接受程度与观念，或是对于商品喜好的程度。

17. 在市场突然公布消息时给客户第一手资料

利用市场发布重大消息的机会，提供市场人士或是自己的看法给客户参考，使客户备感荣幸，从而拉近彼此的距离。

18. 提供相关行业的资料给客户参考

"知己知彼，百战不殆。"搜集相关行业的动态信息作为参考，不但可以成为自己商品改良的依据，同时也可以举例说明别人成功的经验。

适当地运用再访技巧，并不是虚伪矫情，而是销售行业竞争发展的需要。传统的销售技巧已失效，新一代的业绩创造者必须要有新的理念与新的技巧，才能在复杂多变的市场中占有一席之地，因此了解与掌握各种不同的再访技巧，将有助于提高自己的销售业绩。

销售方法没有一定的模式，只要你肯用心，一定可以找到更别致、更有效的再访借口，而我们的销售业绩也将因此而大大提高。

去时要比来时还要美

销售界有一句名言："第一次访问的结果是第二次访问的开始。"也就是说如果你能在初访时给客户留下良好的印象，那么就为再访创造了机会。

访问销售，既然是访问，必有辞别离开的时候。这时，你给客人留下印象的好坏，直接影响到你的业绩。然而没有注意这个问题的销售人员，却大有人在。

那么怎样才能给客户留下难忘的印象呢？以下是必须遵守的几个要点：

①即使对方拒绝了，也不能忘说声"谢谢"。

②突然光顾，单是客户能听你的销售词就值得感谢了。

③辞去时和访问时对待客人要同样恭敬。

④门将关上时，再一次向对方表示出礼貌的态度。

⑤关门的动作要温文尔雅，不要随手一摔。

俗话说"去时要比来时美"，才能给人以深刻的好印象。正如一首诗无论开头多么豪迈，若结尾软弱无力，都不会是首好诗。但如果开头平淡无奇，而结尾余韵无穷，意境深远，却堪称是首好诗。

销售人员的辞别可以说是与客户的暂时别离，除非你决意不再和这位客户做买卖，便不在乎离去时的礼节，否则，客户总是以你辞别时的形象来评价你，而我们的形象比商品形象更重要。尤其是在被拒绝时，更能体现我们的形象，除非你不是以销售为业，只做一锤子买卖，而辞别时，脸拉得很长，把手伸到背后粗暴地带上门，也就切断了身后那条与客户的无形的"红线"，这样你的销售市场就越来越小。

当然，这样有礼貌的告辞，主要还是为了给再访创造机会，因此，告辞时别忘了确定一下再访日期，方式有以下几种：

①对果断型的客户要让他自己决定时间。具有独立性格的自主果断

型的人多半不喜欢被人安排约会时间。对于这种人，你可先试探："下个星期天或哪天我再来做访问？"或"什么时间来比较恰当？"总之尽量避免侵犯他的自主权。

②对优柔寡断的客户要明示时间。一般而言，女客户是属于优柔寡断型的，也就是说女性大多数购物时总是优柔寡断。所以只要还有一线希望，你都应该再做一次访问。当你辞别时，你应该说："好，星期三下午我再来做更详细的说明。"具体指明日期，以观察对方反应，如果对方没有反对就表示默认了；如果对方说："不行，星期三我没空……"你就说："那么下个星期天我再来打扰好了。"而如果你问："下次我什么时间来打扰方便？"就是一种愚不可及的约会方式。

③暗示自己将再来访问。如果你未得到约会，就以为下次不能再来访问，就是死脑筋了。如果对方很冷淡地说："我们目前不需要这个东西。"你千万别灰心，你可以接着说："好的，既然如此，下次我再带最新的产品来供您参考。您认为不合适也没关系。"这样不就创造了再次访问的机会了吗？

总期待一次访问就成交是不切实际的，所以，聪明的销售员一定会与已访问的人家结下不解之缘，一次、两次乃至数次去访问。

第四章

观察与应对

——有效引导客户的心理活动

真正的销售过程其实就是不断揣摩顾客心理的过程。如何把合适的产品在顾客心理最舒适的情况下销售给他，最考验销售功底。

对不同客户，采取不同的销售策略

在销售过程中，销售员要和不同性格的人打交道，对不同的客户要采取不同的销售策略，这样才能与各种客户进行良好沟通。

下面我们就举出一些类型的客户分析一下。

1. 滔滔不绝的客户

对于销售员而言，喜欢讲话的客户其实是一种非常难缠的对象，销售员拜访他时，他高兴起来滔滔不绝，这使销售员停留的时间会比预定的长很多，结果一天里能够访问到的客户便减少了。如果你主动告辞的话，就会被客户认为服务不周而遭到责怪。在客户兴头上打断他的话题结果可想而知，所以大部分的销售员，均视如何向能言善辩的客户告辞为一大难题。

不管怎么说，爱讲话的客户比起不爱讲话的客户来，要容易应付多了。这种喜欢和销售员攀谈的客户，又可区别为两种类型，一种想利用他的口才来赶跑销售员，另一种人天生就好说话。

前者乃是有意地拿"讲话"做挡箭牌，使销售员全神贯注地倾听，分身乏术。由于销售员仍然充满热诚，使得客户认为已经把销售员弄得糊里糊涂而加以攻击。销售员也可以在客户的言谈中找出矛盾、误解、欲望来，用简洁的方式问他原委，多少可促使事情明朗化。

假使客户说的话最后带有疑问句，表示他话中有弦外之音；用这种方法，多半能够成功地发掘其中的实际问题，适用于爱说话与不爱说话两种极端的类型。

2. 办事犹豫不决的客户

对于办事犹豫不决的客户，销售员注定要在这些客户身上花很多时间，但是你必须认清一点，销售员谈不成生意，责任不在客户。有些客户因为年龄的原因，容易犹豫拿不定主意。像比较年轻的人，比较缺乏判断力，需要有人从旁鼓励，帮他做决断，当你诱导这些客户时，可以采用指导晚辈或部下的方法，一一指点说明，如此在谈话的过程和技巧中，也可以让你学习如何去领导他人，这也是你必须学习的一个方面。

犹豫不决的客户，有时并非天性如此，倒是自己不知道该如何处理的自尊心特别强、优越感和自我表现的欲望也很大。如果你当面指责客户讲话矛盾或错误，当然是不易为客户所接受的。

为了弄清楚客户究竟懂多少，可以用一小部分专门问题来问他，例如说："音响效果不好，到底是什么原因呢？"如果客户能够很流利地回答这类专业问题，说明他懂得不少，你可以照他懂的程度来应付。

相反的，如果客户的回答是："啊！我想也许……意思是……就是，总而言之，它的性能很不错。"对于这样的回答，无论是谁听起来，都知道对方的知识有限，但是销售员却不可以马上露骨地表示出来，必须帮他答下去："对，就像你说的。就是……"

先要称赞一下客户的了解程度，然后再向他说明，这也是应付这一类型客户的方法。

3. 忙碌或急性子的客户

对于很忙碌的客户或看起来很忙的客户，洽谈时除了寒暄一番外，就该立刻谈到正题。话虽是这么说，但是真正忙碌和看起来忙碌的人，在实质意义上是不同的，所以讲话的方式也要因人而异。这时，就像是碰到不喜欢开口的客户一样，你必须先设法探听出他喜欢什么、关心什么等，在谈到正题之前，先跟他聊聊天，如果看苗头不对，就该立刻谈到正题，如此先谈结论，再谈理由，也可以给忙碌的客户一个好印象。

"我只花你 7 分钟的时间。"当你谈到 7 分钟时，再看看客户的"脸色"，如果客户一副喜欢听下去的模样，你再说："我再谈几分钟就好。"然后当你谈到几分钟后，可以反问客户："你还有什么不清楚的地方，需要我向你解释的吗？"

记住，这时应特别注意拖延时间的说话技巧，绝不可以讲四分钟、六分钟和十分钟，因为双数给人的直觉反应就是很多，这样会使客户怀疑你要讲很久，若用单数，让客户心里存着五分钟、七分钟的观念，他会觉得费时不多，就会安心地听下去，等他心里发生了这种微妙的变化后，你再观察他的表情，如果他还有继续听下去、看看你的商品的意愿，你就可以把说明书或样本递过去，再诚恳地问他："你还有什么不清楚吗？"

若遇到性急的客户连珠炮似的发问时，销售员一定要先听清楚对方的问题，等把样品拿出来时，可以不必按照对方问话的次序，向他说明使用的方法和好处，同时在这种情形之下，你也可以对他说："请你稍等一下。"然后再慢慢地向他解说。

当你把客户的注意力引到你的话题上时，要尽量说明你所认为要紧的理由，如果销售员本身的行动和说服力，不够机警和清楚的话，反而会使客户听得不耐烦，以致生意没谈妥，这时销售员最好长话短说，多用动词，少用形容词，言语简短有力，态度举动也要有分寸。

4. 挑剔苛刻的客户

在销售过程中，你可能会碰到专门爱跟别人斗嘴的客户。这种人不论什么事，总爱批评几句，如果事情迎合他的口味，就会怡然自得。这种人喜欢理论，如果销售员不合他的胃口，他就会讨厌销售员，这种人还有一个特征，就是对有权威的人所讲的话表示不屑的态度，且还会用诡辩式的三段论法，使销售员无法接近他。

"是的，你讲的话的确很有道理，这也不是我们所比得上的，但是这种产品是我们公司的新发明，也许你知道，某电子研究所的王博士，就是这方面的权威人士，他对我们的产品进行研究试验后，称赞这项发明确实非常好。"

在理论上，你能够提出权威证明，对方也比较能接受。就算你知道客户是在诡辩，也不可以指责或点破对方，可以一方面表示说不过他，另一方面最好是设法改变话题，从其他方面再跟他谈论下去。

5. 高傲冷漠的客户

此类客户多半不通情理，轻视别人，凡事自以为是，自尊心强，不善与他人交往。这类客户的最大特征就是具有坚持到底的精神，比较顽固，他们不易接近，但一旦建立起业务关系，便能够持续较长时间。

由于这种类型的客户个性严肃而灵活性不够，对销售商品和交易条件会逐项检查询问，商谈时需要花费较长时间。销售员在接近他们时最好由熟人介绍。对这种客户，有时候销售员用尽各种宣传技巧之后，所得到的依然会是一副冷淡、傲慢的态度，甚至是刻薄的拒绝，必须事先做好思想准备。

碰到这种情况，销售员也可以采取激将法，给予适当的反击，如说上一句："别人老是说你爽朗大方，今天你却让我大失所望，到底是怎么回事？"如此这般以引起对方辩解表白，刺激对方的购买兴趣和欲望，有时反而更容易促成销售交易。

6. 顽固精明的客户

这种客户也是最难对付的类型之一，在与销售人员面谈时，他们先是固守自己的阵地，并且不易改变初衷；然后向你索要产品说明和宣传资料，继而找借口拖延，还会声称另找厂家购买，以观察销售员的反应。

倘若销售员初次上门，经验不足，便容易中其圈套，因担心失去客户而主动降低售价或提出更优惠的成交条件。针对这类圆滑老练的客户，销售员要预先洞察他的真实意图和购买动机，在面谈时造成一种紧张气氛，如现货不多、不久要提升、已有人订购等，使对方认识到只有当机立断做出购买决定才是明智之举。对方在如此"紧逼"的气氛中，销售人员再强调购买的利益与产品的优势，加以适当的"利诱"，如此双管齐下，客户也就没有纠缠的机会了。

由于这类客户对销售员缺乏信任，不容易接近，他们又总是以自己的意志强加于人，往往为小事与你争执不下，因而销售员事先要有受冷遇的心理准备。

在洽谈时，客户会毫不客气地指出产品的缺点，且先入为主地评价销售员和有关厂家，所以在上门走访时，销售员必须准备足够的资料和佐证。另外，这些客户往往会在达成交易时提出较多的额外要求，如打折扣等，因此销售员事先在价格及交易条件方面要有所准备，这样才能避免无功而返。

7. 沉着冷静的客户

这种客户严肃冷静，遇事沉着，不易为销售员的口才和广告宣传所影响，他们对销售员的建议认真聆听，有时还会提出问题和自己的看法，但不会轻易作出购买决定。沉着冷静型的客户对于第一印象恶劣的销售员绝不会给予第二次见面机会，而总是与之保持距离。

面对此类客户，销售员必须从熟悉产品特点着手，谨慎地应用层层推进引导的办法，多方分析、比较、举证、提示，使客户全面了解利益所在，以期获得对方理性的支持。与这类客户打交道，销售建议只有经过客户理智的分析思考，才有被接受的可能；反之，拿不出有力的事实依据和耐心地说服讲解，销售是不会成功的。

8. 沉默寡言的客户

销售员最难应付的客户，就是不讲话的客户。

大凡客户不爱讲话，有下列几种原因：

①客户认为一旦讲了话，恐怕有鼓励人家劝自己买东西的嫌疑，所以还是不说话为妙；

②不讲话时，不容易给人家知道自己的深浅，而生就了一副不爱说话的脾气；

③因为讨厌对方，所以不讲话；

④不知说什么样的话比较好。

事实上，这种不爱说话的客户并非绝对不开口，只要有适宜的开头和相当的情绪，他也能讲得很开心，销售员应该针对客户开心的事去征询他的意见，让客户愉快地继续谈话。

做销售工作，对各类客户做好事先研究是十分必要的，只有了解了他们的脾气，并采取相应的策略，才能把握住这些客户。

了解客户，才能有备无患

作为一名销售人，我们一定要在拜访客户之前就做好所有准备工作，不要怀疑，这和销售的成败有很大关系，只有了解客户、了解客户的情况，才能制订出完备的销售计划。

其实，销售工作和演员工作有很大的相似之处，那就是必须预先背好台词，做过多遍的排练，这样才能够有备而来，而不是随随便便地就上台演戏。

一天，原一平乘出租车出去办事，在一个十字路口，红灯亮起，原一平无意中转头向窗外看了一眼，正好看到与他同行的一辆黑色奔驰轿车，车里坐着一位衣着华贵的老人。

原一平心想，这老人一定大有来头。于是，他让司机跟上那辆车，抄了那辆车的车牌号。随后，原一平通过有关渠道，查明打这个车牌号的车主是一家大型公司的董事长。

然后，他打电话到该公司说："您好，是某某公司吗？今天我在出租车里看到坐在那辆黑色豪华车上的那位老先生，非常面熟，好像以前在哪里见过，但我一时又想不起来了，您能帮忙提醒一下吗？我没有其他的意思。"对方说："那是公司董事长的车。"

原一平终于知道那辆车的车主是某某公司的董事长山本先生。然后，原一平开始调查他的学历、出生地、兴趣、爱好，等等。

当一切都调查清楚之后，就直接去拜访山本先生。由于原一平对山本先生情况的熟知、对他公司的全面了解以及拜访前的相关事宜准备，这件事就容易入手了。后来，山本先生成了原一平的客户。

目前，很多公司都为销售员提供合格的客户，这些客户一般是通过各种广告和促销活动得到的。在这种情况下，我们在与客户会面前，就有很多事要做了。除了客户传给销售部门的信息外，我们还应该捕捉到其他一些信息。

我们在销售之前，总是要做一些准备的。即使是一次陌生拜访，也不能毫无准备地跑去敲门，我们也要做一些研究，以保证敲对门，这种准备工作会很费时间，但必须得做。我们要善于从潜在客户身上发现尽可能多的信息，诸如客户的兴趣、爱好，等等。

众所周知的"销售之神"原田一郎在与客户见面之前，总是从所有收集到的详细资料中，描绘出客户的形象，甚至想象站在客户面前与客户谈天说笑的情景，如此演练数次之后，才真正与客户会面。

原田一郎说：调查的结果，起码要能达到与准客户见面的时候，就对方而言，是平生第一次见到我，但对我而言，已经摸清了他的底细，犹如十多年的老友了。

准备工作在于全面、精确，应当包括对各种突发情况的应对方案的考虑。在销售之前的准备工作中，制定多个不同销售方案的好处在于：你会清楚万一初次销售宣告失败，你还可以提出哪些不同的选择由对方思考，而不至于毫无准备地接受一个你根本就不满意的交易结果，虽然签约一刻的到来，你觉得那是你唯一合理的选择。

在许多情况下，自认为销售不会失败，从而只抱着一种既定的销售目标不放，确实也没有造成什么损失。但是，绝大多数的谈判都会按照不同的形式进行，并且时常受到迟迟无法达成协议的困扰。

不要在自己毫无退路的情况下再后悔，这是毫无意义的。销售工作应着眼于对成功的追求而不是对失败的检讨。因此，我们必须事先准备一些应付突发事件的对策。

俗话说得好——有备无患。这句话对于我们的访问活动来讲，更是意义深重。我们出去拜访时，务必随身携带下列物品：

小镜子、手帕、手表、皮包、打火机、名片、小梳子、记事本、宣传资料、价目表，等等。这些物件对销售员来说，都是极其重要的辅助用品。

　　房地产销售员戴维斯每次去销售时，车子里一定备有一些简单的工具。碰到客人的房子有大门松动或水龙头不够紧的时候，戴维斯就自己动手修一修。戴维斯可是一位年创造上百万元营业额的业务员。销售工厂机械消耗品的销售员哈尔斯，在公事包里经常放着一套工作服。当他拜访客户的时候，一定会换上工作服前往现场观察机械运作的情形，遇有现场人员不懂的地方，他立刻亲自指导操作。这和一般穿着西装拿着产品目录销售的业务员不一样，因而很容易打动现场人员的心。

　　可见，充分的准备工作将确保我们销售工作的顺利开展并有序进行，从而也在更大程度上使我们获得成功。有大量的事前准备，到时才可轻松完成目标任务。

客户不满的信号及对策

　　我们在销售过程中，难免会遇到客户不满的情况，那么，怎样判断客户生气、沮丧或其他不愉快的身体语言信号呢？如下所示：

　　①身体突然挑衅性地摆动，手势忽动忽停，还有其他一些突然性动作。比如，上半身突然前倾，手指不停地摇晃。

　　②双手交叉放在胸前，而手指紧紧地抓住上臂。

　　③双手紧紧地抓住桌子或大腿，或者紧紧抓住椅子的扶手。

④站立时，双手紧紧地放在背后，两腿站得笔直，而且纹丝不动。

⑤不停地揉鼻子，抓后脑勺、脖子或脸颊，表现出一种不耐烦的情绪。

⑥既不笑也不做出反应地点头，整个下巴的肌肉都绷得紧紧的，双眉紧锁，有时眼睛还向别处张望。

销售员在销售过程中，经常会引发客户愤怒、争吵、防范、失望或者其他怀有敌意的行为。这种情况的发生，大致有如下几个方面的原因：一是我们失言，特别是对客户重要的事情的承诺失言；二是我们直接表达了反对意见或者对客户提出了挑战性意见（客户被迫挽回自己的面子）。有时，我们的某些失礼或轻浮的行为与态度也会使客户不满。客户也会因为我们没有给予他认为是合理的某些产品销售特权而感到沮丧。

在客户生气或者说发脾气时，不一定会经常表现出一些明显的特征。有时，客户为了顾及自己的地位与自尊心，他会试图暗自控制自己的情绪。

我们正确的应对措施是：

①此时我们必须立即停止正在谈论的主题或正在做的事情，先关切地提出安慰性的问题，表现出自己真诚地关心客户，以得到他的信任，进而找出出现这种情绪的原因。

②如果时机恰当的话，我们应该向客户表明，自己愿意在某些方面做出让步，以达成协议，但是也希望客户能够在某些方面做出让步，以实现双赢。同时，要突出并强调彼此之间的共同点，而不要老是强调彼此之间的不同点。

③要放松下来，舒适地靠椅背坐，给客户一种没有威胁的感觉。但是，千万不要下意识地模仿客户挑衅性的姿势。

④说话的语调要平和、缓慢，速度适中，声音要比平时小一点，使

客户感到轻松自在。

如果客户因为听不懂你们讨论的重点而感到沮丧的话，讨论一定要暂停一下，问问客户是否有什么问题没有提出来。千万要记住，如果要责备的话，我们只能责备自己（而不能责备客户，因为客户永远都是对的）。

最关键的是：无论发生了什么事情，我们都不能同客户进行争吵或强烈地否定某些事物。

客户不感兴趣的信号及对策

客户漠不关心的身体语言信号的表现为：

①客户既不提出问题、做出解释，也不提出要求，以此来表示自己对销售员的话题不感兴趣。

②目光呆滞，看起来像一个木讷呆板的人，或者看上去像一个睁着眼睛睡觉的人。

③客户的整个身子都转到我们的另一边。

④客户心不在焉地在笔记本上乱涂乱画，时不时地看看表，清洁手指甲等。

⑤客户在下面各干各的，好像我们做的产品展示与自己无关似的，要不就是彼此间说笑话。

⑥手指敲桌子、双脚不停地敲地板，或者拍打身上的某个地方，或

者做出拿着笔玩之类的不耐烦的动作。

⑦客户的双脚交叉，并且左右快速移动，或者有韵律地踢着。

⑧客户在椅子上坐立不安，眼睛不愿意正视我们，反而是在不断地东张西望，试图寻找一些有趣味的事物。

由于各种原因，客户也许会对我们销售的产品或服务不感兴趣。其实，在大多数情况下，客户之所以会不感兴趣，主要是因为客户完全看不出我们推荐的产品或服务对自己究竟有何帮助或好处。然而，不幸的是，很多销售员对客户谈的大多是一些没有意义的产品细节，或者是谈一些客户已经知道的内容，因而导致了客户的漠不关心。

我们应做的反应：

①要善于运用其他客户成功使用本产品的实例进行说明，尽量描述曾为其他企业所带来的好处，以增强客户的信心。

②充满热情，避免单调。如果我们发现客户看上去好像是很疲惫，最好是先让其稍微休息片刻，以便使其重新集中精力，焕发活力。

客户质疑的信号及对策

我们在会见客户时，如果对方出现下列肢体语言，则表示客户很有可能对你及你的产品持猜测、怀疑的态度：

①眼睛看着天花板，或者是拉下眼镜、低着头、眼睛向上看人，好

像是说："你在耍我了，你认为我很好骗，是不是？"

②手揉搓鼻子、玩胡子，或者摸后脑勺。

③身体向椅背靠，两手交叉放在胸前。

④皱眉、假笑或头左右大幅度地摇摆，嘴巴张得大大的，表现出一副不相信、吃惊或"一脸讽刺"的样子。

⑤挑起眉头，眼睛往旁边看。

⑥嘴巴微微张开，手指放在下牙齿上，表现出一副困惑的样子……

这类客户根据自身使用过不好而又类似的商品的经验，觉得你提供的数据根本就不真实。因此，当我们的论点变得牵强附会与难以置信时，即使是真的，客户也会有所怀疑。这种猜测、怀疑与反对，一般都会通过身体语言清楚地告诉人们："我不相信你所说的话。"客户需要更多的证据来证明销售员说的话是真实的。

我们应做的反应是：

①表示与客户有同感，诱使客户说出自己怀疑的原因。然后，再决定如何才能使客户完全相信自己。

②确信自己已经将强调的重点解释清楚了。可以借助于例子、图片、类比与解释等方式，使客户完全理解自己的观点。在客户赞成自己的说法之前，必须让他理解有关问题。

③提供充分的证据证明自己的观点或主张。当然，这些证据必须是可信的。这些证据必须是经过测试的结果、统计图表，以及其他独立的权威机构提供的报告、产品示范或者是使用过本公司产品或服务的客户的现身说法。这样一来，客户不仅更容易信服，而且也更容易赞同销售员的观点。

客户认可的信号及对策

对于销售员来说，遇到一位心无偏见而又愿意倾听自己的产品展示说明的客户，真是一件令人愉快的事情。因为销售员都有遭受客户拒绝与反对或遭人白眼的心理准备，所以，如果自己受到客户的尊重与友好接待，销售员的感觉当然很好！

下面就是客户发出的积极的身体语言：

①客户微笑、点头或其他兴奋积极的脸部表情。

②双手自然地放在桌子上，或者手势自然、友好；双脚突然不再交叉；手臂也不再交叉放在胸前；其他动作也轻松自然，表现出当事人的观念已经在改变。

③拍一拍你的手臂、肩膀或背部，这样的动作表现出对你的温暖、友好、关心或同情的姿态。但是，需要注意的是，触摸行为表达出一种强烈的情绪，而且如果这种行为发生在男女之间，那么，这种行为反而会给人以一种不真诚或胁迫的感觉，从而使人难以接受甚至感到厌恶。

④身体坐得靠近一点。这看起来好像是一种彼此之间的关系比较密切的信号。

⑤在讨论的过程中，解开外套的扣子或者脱下外套，或直接卷起袖子，可能表示愿意接受他人的看法与建议。

⑥客户坐在椅子的边缘，上身微微前倾，表现出一副渴望仔细倾听我们说话的样子；而其两腿却在桌椅下自然下垂，只用脚尖点地，这种姿势通常是客户已经准备签订购买合同或愿意同我们合作的信号。

⑦头微微倾斜。这种姿势通常表示完全接受谈话内容。

⑧两手缓慢地相互搓揉，看样子是等不及想买下来！

⑨站着时，两脚张得很开，而两手又放在臀部上。

一般而言，因为我们和客户之间建立了良好的关系，我们取得了客户的信任，此时，客户才会发出积极的身体语言信号。而我们所谈内容确实引起了客户的购买兴趣或者真正解答了客户的疑惑与需求时，客户也会发出真正有兴趣购买的积极的身体语言信号。

我们应有的反应是：

①如果客户对我们销售的产品表现出极大的兴趣与热情，那么，我们也要表现出同样的热情，以使客户保持兴趣与热情，并使客户确信，如果他购买产品的话，他的决策一定是正确的。

②如果客户赞美我们及公司或者销售的产品，此时我们要感谢客户，以便于客户继续谈论积极的事。

③如果客户还在对你感兴趣，你不妨继续使用开放型的身体语言，同时，使自己靠客户更近一点。

客户犹豫的信号及对策

作为销售人员，总会遇到犹豫不决的客户，经常会听到说：我还是考虑一下再说吧。这个时候，你作为一名合格的销售人员，应该如何去应对呢？

我们还是先来看看客户内心犹豫的信号吧：

①坐在椅子上，身体会向前倾，不断地自言自语："嗯，嗯……"

②客户目光呆滞或者两眼瞪视，通常是眼睛望着窗外或者是看着地板、墙壁或天花板，双眉紧锁，头一动也不动。

③客户看似在娴熟地擦拭着眼镜，而实际上根本就没有这样做。

④客户双手交叉放在背后，低着头，肩膀下垂，两只眼睛紧紧地盯着地，装出一副沉思的样子。

⑤客户不停地摆弄着自己的头发、胡须等。

⑥客户慢吞吞地、若有所思地、反复地摆弄着某件物品以拖延时间。

⑦客户的头下垂，双眼紧闭，一只手轻轻地抚摸着自己的鼻子，双唇相互摩擦，或者一只手轻松地抚摸前额。

⑧客户的一只手托着下巴，手指置于脸的两颊，同时，轻轻地抚摸着脸颊……

我们应有的反应是：

①实际上，客户真的需要一点喘息的空间进行思考。如果这样的话，客户可能会说一些积极的话，提出一些关切的话题或新的要求。

②如果客户举棋不定——对做购买决定犹豫不决，我们就要努力找出其中的原因。

③我们要将本公司的产品或服务的主要优点整理出来，指出本公司的产品或服务优于竞争对手的产品或服务的质量与特性所在，强调一些老客户的满意保证。

④同时注意，千万不要去打断客户的思路，客户在经过未受任何干扰的思考之后，可能会提出购买要求。

⑤另外，让客户自己提出一些问题、要求或意见等，我们应该在事先有所准备，并且恰当地进行处理。

⑥客户做出购买产品的决定后，我们要肯定地告诉客户，他做出的这个决定是完全正确的。同时，我们还要用真实的资料（统计数字、测试结果、示范、保证）来提高客户目前的兴趣，或者重新激发客户不那么强烈的购买欲望。客户需要的是感觉自己做出了正确的购买决定，而不仅仅是知道自己即将做出正确的购买决定。

窥破客户眼神之中的深意

人们常说，眼睛是心灵的窗户。透过一个人的眼睛，我们能够读懂他的内心，即便只是静止着的双眼，也在透露性格的秘密。由此，我们可以知道眼睛在阅人识人方面的重要地位，可以说，眼睛就是写在脸上的心。

新入行的销售员，刚开始做业务时往往不敢看客户的眼睛，就算是看客户眼神也是漂移不定的，这让经验老到的客户一眼就能看出我们的不自信，进而抓住我们的弱点砍价杀价，本来板上钉钉的单子，却迟迟拿不下来。作为销售员，在与客户洽谈的过程中，我们的眼神应该是和善的、自信的、炯炯有神的、不卑不亢的，让客户感觉到我们的自信和从容、真诚和热情。而客户的眼神，则需要我们仔细认真去揣摩，它会告诉我们许多难为人知的秘密，你能读懂客户的这些眼神，就会把握住许多成功的机会，也不会让你把时间花在不可能谈成的客户身上。

①如果你在介绍产品的过程中，发现客户眼神中流露出不耐烦的意思，你最好终止介绍，征询客户的意见，不要自顾自地说个没完没了。

②如果客户皱起眉头，眼神中流露出怀疑，说明他对你的报价和产品还有怀疑，你需要更真诚和热情地对客户加以说明。

③如果你发现客户对你的产品漫不经心，这说明他对你的产品并不认可，这时你应该询问客户急需什么样的产品？按照客户的需求和思路介绍产品，你的销售效果才会更好。

④如果你介绍产品时，客户的眼神一亮，这说明你的产品引起了客户的兴趣，如果你报价时，客户表现惊讶且露出微笑，说明你的报价符合他的期望值，他再谈判就是走过场，你一定要坚持住。

⑤当你去拜访客户时，如果他像没睡醒一样，精神萎靡不振，那么你就要做好再次访问的准备了，因为这时的客户根本不会认真听你介绍产品，也不会对你的言语感兴趣，你明智的做法就是礼貌地告辞。

总而言之，对于销售人员来说，客户的眼神比他的语言更为可靠，学会准确判断客户的眼神，不断从客户的眼睛里获取信心，这将为我们的销售活动提供极大的帮助。

读懂客户话语中的潜台词

随着市场竞争的愈发激烈，客户在面对营销时，也越来越理性，越来越务实。当销售人员使出浑身解数，终于说服顾客听我们做产品介绍时，却发现洽谈之后并没有达到我们预期的效果。那么，如何通过客户语言中的潜台词来读懂客户的需求，刺激客户的购买欲望，是销售人员必须掌握的一项营销本领。

1."是的，对于你刚才讲的这款产品的优点，我表示完全赞同。但是，我还是觉得价格太高了。"

客户这样说，表面是认同，实则是拒绝。这个时候，客户只是在听我们讲，实际上并没有真正把内容听到心里去。换而言之，客户现在尚沉浸在自己的思维之中，而不能接受我们所传递的营销信息。

这种时候，销售人员应该暂时停止自己的销售活动，优先处理好客户的抗拒点。比如，"您提出的问题我非常能够理解，您看这样如何？因为我觉得您非常有诚意购买我们的产品，如果您决定今天签单，我向经理帮你申请特批，给予您最高级别的优惠。"当然，这个优惠最终由我们把握。

2."这个问题的错误完全在你，你必须给我一个合理的解释，你们的产品本身有问题，根本达不到我的预期效果。"

当客户出现这种抱怨时，其负面情绪非常浓烈，销售人员如果不能妥当处理，抱怨情绪就会在客户中迅速蔓延，这极有可能导致一大批客户对产品做出负面评价。

其实客户有负面情绪并不可怕，很多实际销售案例证明，越是爱抱怨极挑剔的客户，在问题得到解决以后，往往会成为产品的忠实粉丝。销售人员可以借用这个机会，充分倾听客户的心理状态，了解客户的诉求，同时向客户说明可能存在的偏差及问题。最终通过专业的服务态度，利用此次机会调整与客户间的合作关系。

3. "我觉得你们的产品跟 ×× 公司的差不多，但他们还会多送我一些很好的赠品和附加服务，所以他们的产品我觉得更好。"

客户往往通过与其他公司的附加优惠进行比较，作为自己的筹码，获得更好的附加需求。越是高度同质化的产品，越容易出现此类情况。

销售人员应定期对周边的同行业产品进行市场调研和分析，充分了解同类产品与自家产品的差异性。在面对该类客户时，将销售重点转移到为客户提供难以复制的体验，以及量身定做的解决方案上，调动客户的购买情绪，而并不单单只是销售产品本身。

总而言之，销售人员应通过一些以往良好的产品体验案例，向客户解释说明产品的优势及功能，为自己营造一个积极的销售氛围。并在此基础上，针对客户的偏好，来促成客户进行交易。

第五章

情感跟进

——由浅入深，进一步强化客户信任感

销售活动不应是死板的公事公办，而应该尽量加入一些人情味，我们可以和客户先做朋友，后做生意。所以，如何与客户做朋友，对销售工作来说很重要。

这样接近客户他才不排斥

接近客户是销售中的一个重要环节，因为只有在不引起客户反感的情况下接近他们，你的销售才能顺利展开。

让我们先来看看销售大师法兰克·贝格，是怎样学会接近客户的。法兰克从客户的心理，得到下面两点有益的启迪：

其一，客户不喜欢那些身份和所属公司令人不放心的销售员。他们喜欢的是那些真诚以及身份和意图明确的销售员。

其二，如果事先没有和客户预约，销售员就应问问其来访是否造成了不便，这样做比那些一上门就销售的人更容易被接受。

一位销售冠军在介绍销售经验时说："接近那些第一次造访的客户，有个小窍门。用10秒钟把你自己完整地介绍给客户，这就是销售前的销售。"

如果没有预约，要去造访一个客户，他会打电话说："我是××保险公司的销售员。我现在正在你朋友家，你的朋友让我下次再拜访你，你现在能和我谈几分钟吗？或是晚一点我再打电话。"对方通常会说："那你想和我说些什么呢？"这位销售员就说："就谈谈您自己。"他会问："谈我的什么事呢？"

此时就是接近客户的好时机。但如果你此时还没准备好该怎么提问，那么以后就不要再打电话了。

既然是我们向客户销售产品，我们就应该直截了当地告诉他这会让他花一些钱。另外，我们要注意客户的身份和他最关心的东西。家庭主妇是没有兴趣和销售员谈该买什么电器的，她们关注的是肉类、鸡蛋、牛奶的价格，她们更乐于听到如何在食品方面节约开销的建议。而追求时尚的年轻人关心的是结交更多的朋友，如何获得他们社交圈子的认可，以及怎样获得更多的收入。

大体上说，我们在接近客户需要注意以下这些问题：

1. 控制好时间

我们必须善于控制接近客户的时间，不失时机地转入正式面谈。接近的目的不仅在于引起客户的注意和兴趣，更重要的是要转入进一步的销售面谈。因此，在接近过程中，我们一方面要设法引起和保持客户的注意力，诱发客户的兴趣；另一方面要看准时机，及时转入正式面谈。为了提高销售效率，我们必须控制接近时间。

一般说来，每一次接近的时间太长了不好。具体时间的长短则应因人、因事、因地而异，不可长久接近，也不可急于面谈。例如，对于熟人或老客户，接近时间可以短一些，而对于从未见过面的准客户，接近时间则可相应延长。另外，销售环境和气氛、客户的个性特征，以及其他有关因素，也会影响接近时间的长短。

在实际销售中，有时很难分清接近和面谈之间的时间界限。不过，从现代销售学理论看，接近和面谈是同一个销售过程中的两个不同阶段，二者时间先后不同，方式方法也各不相同。从理论上把接近和面谈分为两个阶段，有助于我们明确目的，正确地运用各种销售技巧，提高销售效率。

2. 做好心理准备

最让我们担心的事就是客户的冷漠和拒绝。而冷漠和拒绝主要发生在接近客户时。因此，在接近客户之前，我们一定要做好必要的心理准备，要有克服困难的信心和勇气。

销售心理学把害怕接近客户、以种种借口避免接近客户的现象称为"销售恐惧症"。其原因是多方面的，一种情况是，有些人性格中自卑的成分较多；另一种情况是，准备工作不充分，对客户了解甚少；还有一种情况是，有过几次遭到客户冷漠和拒绝的经历后，对自己的能力产生怀疑。

事实上，客户对我们态度冷漠、拒绝接受销售活动，并不一定是由于我们本人能力不佳或方法欠妥。客户的冷漠和拒绝的原因也是多方面的。如：我们来访时正好赶上客户情绪不佳；客户很忙，没有时间接待我们；客户确实不需要产品；客户对销售员这个职业有某种偏见；个别销售员缺乏职业道德，使客户迁怒于其他销售员，等等。

销售员不应因客户的冷漠和拒绝而丧失自信心，要充分理解客户，要坦然地面对困难，如果销售员做好了心理准备，就能够处变不惊，就能够正常发挥自己的能力和水平。

3. 用不同方法接近不同客户

我们必须学会以不同的方式接近不同类型的客户。在决定接近客户之前，必须充分考虑客户的特定性质，依据事前所获得的信息，设计各种不同接近方法，避免千篇一律地使用一种或几种方法。

每一个客户都有其特定的购买方式、购买动机和人格特征。因而，他们对不同的接近方式，会有不同的感受。在某一客户看来，有些方法是可以接受的，而对另一客户而言，这些方法可能是难以接受的；同样的，对某一客户非常有效的接近方法，对另一客户则可能毫无效果。即使是对同一客户，也不能总是使用同一种方法。

怎样才能做到以不同的方式接近不同的客户呢？

①要努力掌握尽可能多的接近方法和技巧，熟悉不同方法的适用条件。只有掌握多种方法，才能有所选择；只有熟悉每种方法的特征，才能做出正确的选择。

②要充分利用准备工作期间所搜集的信息，判断客户的特征，并在制订洽谈计划时，对接近客户的方法给予充分的重视。一个优秀的销售员，在制订洽谈计划时，肯定会对怎样接近客户有所考虑。

③我们要善于总结实践经验，发现接近客户这一活动中的一般规律，用以指导自己的工作，提高接近的有效性。

作为一名销售员，你必须学会设计和运用正确的接近技巧，只有做好了这一点，下面的销售工作才能顺利展开。

信赖感是拿订单的前提

守信历来是人类道德的重要组成部分，即俗话说的"一言既出，驷马难追"。在销售活动中，守信是居于举足轻重地位的。守信就是要求销售人员在市场营销活动中要讲究信用。在当今竞争日益激烈的市场条件下，信誉已成为竞争的一种重要手段。信誉是指信用和声誉，它是在长时间的商品交换过程中形成的一种信赖关系。在当今的竞争中，谁赢得了信誉，谁就会在竞争中立于不败之地。谁损害了自己的信誉，谁就终将被市场所淘汰。

在销售界流传着这样一个故事：

据说有这样一位销售员，他每次登门销售总是随身带着闹钟，会谈一开始，他便说："我打扰您10分钟。"然后将闹钟调到10分钟的时间，时间一到闹钟便自动发出声响，这时他便起身告辞："对不起，10分钟到了，我该告辞了。"如果双方商谈顺利，对方会建议继续谈下去，那么，他便说："那好，我再打扰您10分钟。"于是闹钟又调到了10分钟。

大部分客户第一次听到闹钟的声音，很是惊讶，他便和气地解释："对不起，是闹钟声，我说好只打扰您10分钟的，现在时间到了。"客户对此的反应因人而异，绝大部分人会说："喂，你这人真守信。"也有人会说："咳，你这人真死脑筋，再谈会儿吧！"

在销售时，销售员最重要的是要赢得客户的信赖，但无论采用何种方法，都得从一些微不足道的小事做起，守时只是其中一个小例子。

在客户的心目中往往会有一种非常明确的既定认识：能够对自己严格要求的人往往也是值得依赖的人。因此，我们必须严格要求自己的形象去赢得客户的信赖。

对一个销售员来说，赢得客户的信任应当是永远的工作内容。然而，不管你采用什么办法来达到这个目的，都必须从一些微不足道的小事做起。

曾经有一家销售公司规定，销售员每天必须在固定的时间给公司打电话报告工作情况。对于这项规定，很多人不以为然，他们觉得受到了限制。然而，有一个销售员却严格遵守这一规定。"服从命令"是他的一贯作风。有一次，到了汇报工作的时间，他正好在与客户商谈，而且，气氛也相当好，谈判正处于高潮。他实在没机会去打公用电话，而且他也知道附近没有公用电话亭，于是他很有礼貌地对客户说："打扰一下，我能借用一下电话吗？公司规定我在这个时间汇报工作。"

出乎这位销售员的意料，等到这位销售员第二天到公司上班时，同事告诉他那个客户打来了电话，说他是位很难得的年轻人，从未见过像他这样遵守公司规定的销售员，并说决定同他成交。这位年轻的销售员感到非常吃惊——他原本认为这桩生意不会那么顺利。因为他觉得自己只是个刚出道的毛头小伙子，口才也不怎么样，没想到自己的一个小小的举动，却赢得了对方的心。

由此刻见，我们若想成为卓越的销售员，就必须严格要求自己，严格按照计划行事，将计划变成纪律，你必定会在对方的心目中留下一个值得信赖的好印象。

赢得客户的信赖，这是我们最重要的工作。当然，不管你采取什么样的方式方法达到这一目的，都应从一举一动、一言一行中做起，有时哪怕是一件微不足道的小事，也可能使你的信誉倍增。

诚信不仅是做人的准则，也是销售的道德。从某种意义上说，向客户销售你的商品，事实上就是向客户销售你的诚实。吉拉德说："诚实是销售之本。"据美国纽约销售联谊会的统计：70％的人之所以从你那里购买产品，是因为他们喜欢你、信任你和尊敬你。所以，要使交易成功，诚实是最好的策略，不诚实的代价是惨重的。美国销售专家齐格拉对此深入分析道：一个能说会道而心术不正的人，能够说得许多人以高价购买低劣甚至无用的产品，但由此产生的却是 3 个损失：客户损失了钱，也多少丧失了对他的信任感；销售员不但损失了自重精神，还可能因这笔一时的收益而失去了整个成功的销售生涯；以整个销售来说，损失的是声望和公众对它的信赖。所以，齐格拉说："我坚信，如果你在销售工作中对客户以诚相见，那么，你的成功会容易得多、迅速得多，并且会经久不衰。只顾眼前利益往往以失去更大的、更长远的利益为代价。"

因此，在整个销售过程中，我们必须为客户提供优质的商品和周到的服务，使客户对你的商品产生信心并放心购买。在劝说客户购买时，一定要开诚布公地向客户介绍商品的真实情况，一定要实事求是，千万不可夸大事实，隐瞒真相，欺骗客户，那样只能是搬起石头砸自己的脚。

日本山一证券公司的创始人小池 13 岁时背井离乡，在若尾商店当小店员，20 多岁时开小池商店，同时替一家保险公司当销售员。有一个时期，他销售保险很顺利，在 10 多天内就做成了 32 个单子。之后，他发现他所卖的保险比别的公司推出的同类型的保险要贵很多，他认为，跟他签约的客户如果知道了一定会感到难受甚至会抱怨。被人看成是冤家对头的滋味不好受，于是深感不安的小池就立即带上合约和定金，整整花了3天时间挨家挨户去找客户，然后老老实实跟他们说明，他所卖的保险保费比别人的价格贵，为此请他们解除契约。这种诚实的做法使每一位保户都深为感动。结果，32位客户中没有一人跟小池解约，同时他们对小池更加信赖和敬佩。

也许有些人还记得，数年以前，一名奥运金牌运动员的经纪人如何将自己的事业一手毁掉的故事，原因就在于他不诚实。这位名气极大的经纪人颇具野心，他为他的委托人签下了许多合约，合约上满是各式各样的承诺。正是因为这些"承诺"，厂商才愿意给他长期合同，然而他却无法一一兑现。这名经纪人可以说是自毁长城，尽管他在短期内赚进了大把钞票，但他在体育界却因此声誉扫地。

所以说，作为一个销售员，我们必须树立诚信观念，充分理解客户，尊重客户，处处为客户着想，与客户建立良好的合作关系，这样，你的销售生涯将更加精彩纷呈，你的事业必将蒸蒸日上。

客户的信任决定你的业绩

你知道客户的信任意味着什么吗？意味着业绩、意味着成功。因此作为一名销售员，你一定要想方设法赢得客户的信任。

　　实践证明，如果你与客户之间并未建立任何关系，客户就不会轻易把他的需求告诉你。换句话讲，只有你与客户之间建立了一定的关系，或者客户对你有一定的信任，才有可能把他的需求告诉你。因此，如何建立客户对你的信任，就是销售员首先要解决的问题。

　　建立信赖感，实际上就是使销售员与客户之间的关系由陌生变得熟悉，由熟悉变为朋友。

　　那么客户对你的信任是怎样建立的呢？有的时候它和你的销售表现没有关系，反而和你额外做的一些小事有关。

　　马歇尔·沃尔特，出生于明尼苏达州的曼卡托。先后就读于曼卡托技术学校、曼卡托商业大学。在进入保险销售业之前，马歇尔曾是贸易公司的营销经理。1978 年，45 岁的马歇尔荣登美国人寿保险"第一销售员"的宝座。1980 年，马歇尔正式成为美国百万圆桌协会会员。

　　沃尔特认识一位老妇人。她对任何陌生人都持有戒心，之所以同意与沃尔特见面纯粹是因为她的律师做了引荐。

　　她一个人住，对任何一个她不认识的人都不放心。沃尔特在路上时，给她家里打了一个电话，抵达时又打了一个。她告诉沃尔特，律师还未到，不过她可以先和他谈谈。这是因为之前沃尔特和她说了几次话，让她放松了下来，所以，她愿意单独和沃尔特谈谈。当这位律师真正到来时，他的在场已经变得无关紧要了。

　　沃尔特第二次见到这位准客户时，发现她因为什么事情而心神不宁。原来，她申请了一部"急救电话"，这样当她有病时，就可以寻求到帮助。社会保障部门已经批准了她的申请，但一直没有安装。沃尔特马上给社会保障部门打电话，当天下午就装好了这部"急救电话"，而且沃尔特一直在她家里守候到整个事情做完。

从那时起，这位客户对沃尔特言听计从——给予他彻底的信任，因为沃尔特帮助她解决了困扰她的真正困难。现在，她相信沃尔特有能力照看她的欲求和需要。这个"额外"的帮忙好像使得沃尔特的投资建议几乎变得多余。这些投资建议是沃尔特当初出现在她面前的主要原因，虽然那时她对此并无多大兴趣。

沃尔特说："信任有许多源头。有时候，它赖以建立的物质基础和你的商业的建议没有任何关系，而是因为你——作为一名销售员——做了一些额外的小事。恰恰是这点小事，可以为你带来意想不到的收获。"

得到别人如此的信任也是一份不小的荣耀。想必很多人都有这样一个体会：信任会因最奇怪的事情建立，也会被最无关紧要的事情摧毁。忠诚会带来明日的生意和高度的工作满足感。

人们购买的是对你的信任，而非产品或服务。一个销售员所拥有价值最高的东西是客户的信任。成功的销售员是感情的交流，而不只是商品。

只有赢得客户的信任，才能赢得客户好的口碑，因此，作为一个销售员，你一定要努力建立客户对你的信赖感，这对销售的展开是非常重要的。

与客户发展友谊

很多销售员坚定地认为，与客户谈生意是一件非常严肃的事情，不但要注意礼节，讲究说话，而且交谈的内容只能围绕生意进行。这种想法未免有些极端。事实上，那些顶尖销售员在与客户洽谈时，都会特别注意一些生意之外的东西，这些看似无关紧要的东西很多时候反而能影响到一桩生意的成败。其实，我们在面对客户时，不妨把客户当成自己的朋友，保持一种对待朋友的心态，这样彼此都不会有拘束感！

我们把客户当成自己的知心朋友，关心他们、鼓励他们，他们也同样会友善地对待自己。与客户建立良好的友谊对于销售工作有着不可估量的作用。

丹瑞·托玛斯大学毕业后进入一家贸易公司任区域销售总裁，几年以后，建立了十分广阔的人际关系网络。而后，他便转入了保险销售的行业。正是得益于这广阔的人际关系网络，丹瑞的销售业绩直线上升，在他32岁的时候，正式成为了美国百万圆桌协会的会员。

丹瑞在销售中总是尽力地鼓励和关心他的客户，客户便从中感到了一种温馨，也把他当成好朋友。十几年来，丹瑞就因业务关系结识了上百个朋友，且大部分都保持着联系。

几年前，丹瑞去拜访一名年轻的律师巴尔，不管丹瑞怎样热情而详细地介绍他的保险产品，巴尔总是以一副冷冰冰的面孔对着他。丹瑞临走时，对他讲，他相信巴尔将来一定能成为这一行业中最出色的律师，还说以后绝不再随便来打扰他了，但是如果不介意，希望能与他保持联系。

巴尔听了以后，马上兴奋起来，问丹瑞怎么看出这一点的。丹瑞说，几个星期前听过他的一次演讲，他认为那次演讲非常精彩，这是他听过的最好的演讲之一。

这些话让巴尔听得眉飞色舞，于是丹瑞乘胜追击，不失时机地向巴尔"请教"演讲的话题，巴尔也非常兴奋地同他讲了一大堆。

最后，当丹瑞离开的时候，巴尔对他讲，希望有机会再和他一起聊聊。

几年以后，巴尔果然在旧金山开了一间自己的律师事务所，成为旧金山几位杰出的律师之一。丹瑞则一直保持着与他十分密切的来往。在这几年里，丹瑞时时不忘鼓励巴尔，并对他表示敬仰，而巴尔也总拿自己的成就来与丹瑞分享。

巴尔的生意蒸蒸日上，丹瑞卖给他的保险也在不断地增长，他们的友谊也不断加深。丹瑞还通过巴尔认识了许多社会名流，储备了更多的潜在客户资源。

其实，人人都渴望他人的信任与支持。如果你真诚地祝愿别人事业成功，恐怕没有人会不喜欢。

亚伯拉罕·林肯说："你若想赢得朋友，首先不能让人怀疑你的真诚。你的言谈一定要表现出真诚。虽然他人在判断你的品行时会有些困难，但唯有待人以诚才能赢得信任。"

几年前，法兰克受人之托去打听一位在基拉德信托公司工作的年轻人的情况。当时，那个年轻人刚刚20岁出头。法兰克曾跟他做了一笔小生意，所以对他很了解。有一次，法兰克对他说："你会成为基拉德信托银行的总裁或是高层管理人。"他以为法兰克跟他开玩笑，但法兰克当时便告诉他："不要把我的话当成玩笑，我很信任你。你年轻、热情、工作业绩突出，人际关系又广，具备了一切成功必备的良好素质。没有什么会阻止你成功的。如果你有志于此，你一定会心想事成的。"

法兰克要求他加入银行的业务，并积极学习演讲。他听了法兰克的建议。有一天，公司召开员工大会，一位高级官员讲了公司面临的困难，希望员工们能提些有益的建议。

面对众人，这位年轻人谈了谈自己解决公司难题的想法。他的话充满激情，令人叹服。会议结束后，他受到许多朋友的祝贺。

第二天，年轻人被叫到办公室。那位高级官员高度称赞了他的表现，并告诉他的部分建议已被银行采纳。

不久，这位年轻人被升为部门经理。如今，他已是另一家大银行的总裁了。

法兰克因与他有这层关系，做起保险十分顺利。

鼓励和关心你的客户，使客户有一种满足感和成就感，把他们当成你的知心朋友，会对你的销售起到巨大的推动作用。

把一个客户谈成你的朋友，有时候我们会觉得这很有成就感。更何况，这个朋友或许会为你带来更多的生意，毕竟，资源共享才能越做越大。

把情感注入销售活动中

销售从本质上来说，有一定的理智成分在内。比如你所销售的商品必须是客户切实需要的，价格合理，这些就是所谓的理智成分，但是，人都是感情动物。有一句话这样说："客户是用情感购物，用理智判断得失。"要促成客户购买，销售活动就应当侧重于情感，而非理智。理智只能巩固销售，情感才是达成交易的作用点。

毫无疑问，人们购买每一种物品都是为了满足自身的需要。购买必需品，人们是靠理智来购买。而对于大多数物品，人们则是依靠情感来购买的。所以，在销售中，以情感为核心是至关重要的。

许多销售员的失败就在于他们忽视了"客户是凭情感购物的"这一点，他们只是用理智向客户销售他们的产品。也许你的产品确实对客户有用，但是如果客户没有购买的欲望的话，又怎么会买你的产品呢？

因此，作为一名销售员，要想成功地销售出自己的产品，就必须优先考虑感情上的东西，多一些人情味。在销售行业多一些人情味，可以使你博得客户更大的好感，同时给你带来更多的商机，太理智化、太商业化的销售员是不会受到人们欢迎的。

明珠珠宝城是一家经营饰品的商店。虽然它只是一个占地不足180平方米、由15个营业员组成的普通珠宝店，但是令人意料不到的是，它每个月的销售额竟然超过3000万元。

人们迷惑不解，明珠到底有何高招呢？明珠的总经理凯特女士认为，作为一个商人谁都想赚钱，但要讲究方式，应尽量使商业味淡一些，人情味浓一点，那样才会让客户感到舒心。

曾经有一位客户在明珠珠宝店内逛了很长时间，但是他却没有说明要购买的东西，营业员猜想这位客户一定是想购买一些东西，但不知有什么顾虑。于是，这位营业员将他请到了办公室，给他端上了一杯饮料。通过交谈，营业员得知，这位客户想购买大量的珠宝，但为了保证安全，想单独进行交易。而营业员的这一举动正好符合了客户的心理需求，于是轻而易举地就做成了一笔大生意。

可见，人情味有时很容易打动人心。

每个人的购买欲很多时候来得突然，但又会稍纵即逝。恰到好处地向客户传递销售者的人情味，便极有希望捕捉到成交的契机。比如大人带着小孩逛商场，小孩一般不感兴趣，常常闹着要离开。针对这种情况，我们就可以准备一些儿童小玩具，赠送给小朋友，这样既达到了稳住小朋友的目的，又让大人感受到我们的人情味，能够有效缩短彼此的距离，从而大大激发出客户的购买欲望。

用你的关心换来客户的心

每个销售员都应当努力与客户建立良好的人际关系，这样你才会受到客户的喜爱、信赖。有了这种关系，很多时候客户都会因为照顾你的情面，而购买你的商品，那么怎样才能与客户建立良好的关系呢？销售员们不妨试试多给客户一点关心。

关心有一种奇妙的互动作用，你主动关心别人，而别人也会关心你。许多人一辈子渴望别人的关心而得不到，问题出在他自己：他只关心自己，从不先主动去关心别人。

无论你销售什么，关心都是赢得永久客户的重要因素。当你提供稳定可靠的关心，无论出现什么问题，你都能与客户一起努力去解决。但是，如果你只在出现重大问题时才去通知客户，那你就很难博得他们的好感与合作。销售员的工作并不是简单地从一笔交易到另一笔交易，还必须花时间维护好与现有客户来之不易的关系。糟糕的是，很多销售员却认为替客户提供优质关心赚不了什么钱。乍一看，这种观点好像很正确，因为停止关心可以腾出更多的时间去发现、争取新的客户。但是，事实却不是那么回事。你的关心会使他们愿意一次又一次地回头光顾你，更重要的是，他们乐意介绍别的人给你，这样一来你就等于拥有了一座取之不尽的金矿。

你要做到的是：为你的客户提供最多的关心，以至他们对想一想与别人合作都会感到歉疚！成功的销售生涯正是建立在这类关心的基础上。

戴尔·卡耐基说："时时真诚地去关心别人，你在两个月内所交到的朋友，远比只想别人来关心他的人在两年内所交的朋友还多。"那些不关心别人，只盼望别人来关心自己的人，应时刻拿这句话告诫自己。

关心别人既然如此重要，那么要拿什么去关心别人呢？有人以为关心别人就得花钱，但事实并非如此。

一句诚挚的"谢谢"，一个热诚的微笑，简单亲切的问候，诚心诚意的道歉，这些都很微末，也不用钱，可是发自肺腑，就能感人。

销售员关心顾客时，应该特别注意下列的时机：生日、病痛、喜事、丧事、灾难等，因为这些时候最渴望别人的关心。好事，希望你来分享他的喜悦；坏事，希望你来分担他的忧伤。

总之，你应当尽己所能地为客户提供更多的关心，不要怀疑，成功的销售正是建立在关心客户的基础上。

真诚的关心能换来客户的信任，而客户的信任是无价之宝，如果你能更多地关心客户，那么你的销售也一定会更成功。

让客户感到你在为他着想

销售说到底还是关于人的学问，你只有设身处地为客户着想才能让客户接受你，接受你销售的商品。

当让别人替你做那些"你要他们为你做"的事情时，你必须站在他们的立场上，用他们的眼光来看待事物。

成千上万的销售员在路上奔波，他们疲惫不堪，垂头丧气，徒劳往返。为什么呢？因为他们总是只想自己所想，他们并没意识到客户有时候并不想买任何东西。每个人都一如既往地对解决自己的问题感兴趣。

如果我们能向客户表明，我们的服务或商品将如何帮助他们解决问题的话，我们就不必向客户费尽心机地销售了，客户自己会去买的。因为客户们喜欢这样的感觉——他们是在买东西，而不是被卖东西。

然而，许多销售员花了毕生时间销售商品，却从来不曾从客户的角度看待事物。

路德说："我在森林山街住了许多年，有一天当我赶往汽车站时，偶然碰到一位不动产经纪人，他多年来一直在这一带买卖房产。他很了解森林山街的情况，因此我急切地询问他——我那幢房子的建筑材料是金属板条还是混凝土预制板。他说他不知道，并且告诉我可以给森林山街园林协会打电话了解这方面的情况。第二天早上，我接到一封他写来的信。他问我是否已经了解到了我想了解的情况。按说他完全可以打个电话，用不了两分钟的时间就可以了解到此事。但他并没有这样做。他再一次告诉我说，我自己可以打个电话去了解。"

他对于帮助路德并不感兴趣，他感兴趣的仅仅是帮助他自己。

加利福尼亚州的卢克·布莱恩特是这样谈同一公司的两个销售员是如何处理同样类型的情况的：

"你知道的，若干年前我在一个小公司工作。在我们公司附近有一家大型保险公司的地区办事处。他们的业务是按地域划分的，因此我们这个公司被分派两个销售员来负责，就是鲁尼和哈里。

"有一天早上，鲁尼在我们的办公室里小坐，随口提到他的公司刚刚为经理人员开设了一种新型的人寿保险，并且认为我们日后也许会感兴趣，他表示当他在这方面了解到更多的情况时会来告诉我们。

"同一天，哈里在便道上看到我们正喝完咖啡回来，他大声喊道：'嗨，卢克，我有一些重大的消息要告诉你们。'他快步走过来，非常兴奋地把他的公司为经理人员开设的人寿保险告诉我们（同鲁尼随口提到的是同一回事）。他想让我们成为第一批参加者。他就投保范围向我们提供了一些重要的情况，最后他说：'这种保险形式很有新意，我打算明天从总部叫个人专门解释一下。现在，咱们就在这儿先把申请表填一下，这样我就能在工作时有所依据。'他的热心鼓动使我们急于参加这种保险，尽管我们并不了解具体细节。后来的情况证实了哈里对这种保险的初步理解，他不仅使我们每个人都参加了保险，而且后来还把我们的投保范围扩大了一倍。

"鲁尼本来是可以做成这笔交易的。可是他没有设法激起我们参加这项保险的任何愿望。"

这个世界充满了钻营和追名逐利的人。因此，那些不大多见的无私地尽力帮助他人的人便具有巨大的优势。因为他没有竞争对手。欧文·扬，一位著名的美国律师兼大企业的巨头之一，曾经指出："那些能够设身处地为他人着想、懂得他人心理活动的人，从来不需要为前途未卜而忧心忡忡。"

要想销售出产品，就要学会为他人着想，从他人的角度看待问题。也就是说要使客户依照"你希望的那种方式"去做，就应该跟那些你想去影响的人交换意见。

那么，我们究竟要怎样做才算是为客户着想呢？

1. 要守信，才能让客户信任

言而有信才是真君子，你要以自己的言行博得客户对你的信任，并且相信他的权益也会由于你信守诺言而得到保护。令人痛心的是，许多销售员的保证不过是一纸空文。如果书面保证在执行中受到限制，你应当提前向客户解释清楚。

2. 用证据来证明观点的真实

你的销售卖点必须有事实根据，让人听起来有理有据。如果过分地夸耀你的商品，就会使人难以置信，或者使客户无法核实你说的话是否准确。即使你说的完全是事实，也会使客户产生怀疑。

因此，任何时候都应当拿出充分的证据来证实你的卖点的真实性。无论如何，直截了当地向我们提出疑问的客户毕竟是少数。许多朋友之所以没有获得客户的订单，其原因就是他们过高地估计了客户对其商品的信任程度，过低地估计了向客户提供证据的必要性。客户购买你的商品是要付钱的，他们不会也不能随随便便地浪费自己的金钱购买你的东西。因此，销售商品时我们一定要拿出充分的证据来证明你的观点的真实性。

3. 接受客户的意见

拒绝接受客户的反对意见，会使你的整个销售工作毁于一旦。因为，如果你对客户的反对意见置之不理，当你反驳客户提出的即使是毫无根据的反对意见时，客户也不会相信你。有时候，销售员企图对客户的反对意见一一加以驳斥，这说明他自己存在着一种害怕心理。因为他觉得对反对意见不加以反驳就可能丧失成交的机会，销售员之所以向客户证明他的产品绝对可靠，其唯一目的就是表明他的一切努力都是为自己辩护，并证明他是正确的。因为对客户来说，任何一种商品都有其固有的长处和短处，只有在它的长处大于短处时，客户才会做出购买决定。另外，固执的销售员往往也会使客户变得固执起来。

尽量坦率地承认缺点吧，客户不仅不会对你的商品失去信心，反而会认为你这个人诚实可靠，是为自己着想，因而可能同你达成交易。

4.别总销售高价商品

并不是每个客户都买得起所谓的奢侈品，买得起的客户也并不是只需要和永远需要这些。比如普通的客户不会需要大型的、高精密度的和每秒运转速度达10亿次的电子计算机，他也不一定买得起这样的计算机。你向他销售这种计算机只是给客户造成了不必要的负担和损失。

为客户着想，总的来说是不要总向他们销售过于昂贵的华而不实的商品。如果你对此不注意、不重视，客户就会怀疑你的销售动机，就会认为你之所以这样做完全是为了增加个人收入。在同时向客户销售几种商品的情况下，不要一开口就介绍你的高端产品。但是，如果你从蛛丝马迹中发现客户确实需要某种高端产品时，就应该不失时机地介绍给他。

此外，优秀的销售员应有远见卓识，不为某些诱惑人的交易机会所动。如果你发现客户购买你的商品完全是由于无知所致，或者客户对购买的决定感到不满意，你应当放弃成交机会并把你的想法告诉客户。任何一位客户都会为此真诚地感谢你。你虽然会因此而失去一份订单，但却可能赢得客户的信任，使他成为你的老主顾，甚至把你当作他的参谋和朋友。

通过亲和力强化客户关系

在与客户的交往过程中，具有亲和力的销售员总是能占较多的便宜。亲和力的建立，就是通过某种方法，让客户依赖你、喜欢你、接受你。当客户对你产生依赖、喜欢的时候，自然也会比较容易接受和喜欢你的产品。

在生活中，我们也有这种经验，对自己喜欢的人所提出的建议，会比较容易接受也比较容易相信，当然，对自己怀疑、讨厌或不信任的人，我们自然对他们的产品和服务也相对不信任了。

成功的销售员都具有非凡的亲和力，他们非常容易博取客户对他们的信赖，让客户喜欢他们、接受他们，很容易跟客户成为朋友。

许多的销售行为都建立在友谊的基础上，我们喜欢向我们所喜欢、所信赖的人购买东西，我们喜欢向我们具有友谊基础的人购买东西，因为那会让我们觉得放心。所以一个销售员是不是能够很快地同客户建立起很好的关系，与他的业绩具有绝对的关系，这种能力也就是常说的亲和力的建立。

亲和力的建立同一个人自信心和自我形象有绝对的关系。什么样的人最具有亲和力呢？通常，这个人要热诚，乐于助人，关心别人，具有幽默感、诚恳，值得信赖，而这些人格特质跟自信心又有绝对的关系。

人是自己的一面镜子，你越喜欢自己你也就越喜欢别人，而越喜欢对方，对方也容易跟你建立起良好的友谊基础，自然而然地愿意购买你的产品。实际上他们买的不是你的产品，他们买的是你这个人，人们不会向自己所不喜欢的人购买东西。

想一想，在你的工作当中，那些你最好的客户，那些最喜欢向你买东西的客户，以及你最喜欢买他们产品的人，是不是都是因为你们彼此之间有很好的感觉，你们觉得你们之间就如同朋友一般？正是这种彼此之间亲和力的感觉促成了大部分成功的销售行为和结果。

世界上最成功的销售员都是最具有亲和力、最容易跟客户建立良好关系、交上最好朋友的人。至于那些失败的销售员，因为他们自信心低落、自我价值和自我形象低落，所以他们不喜欢自己，他们讨厌自己，当然从他们的眼中看待别人的时候，就很容易看到别人的缺点，也很容易挑剔别人的毛病。他们容易讨厌别人，挑剔别人，不接受别人，他们也就没有办法很容易地与他人建立起良好的友谊。

在销售行业中，所谓的"客户转介绍法"之所以会非常有效，关键就在于销售员以潜在客户的某位朋友介绍的名义去拜访一个新客户。在这种情况下，这个新客户要想拒绝销售员是比较困难的，因为他如果这样做就等于拒绝了他的朋友。当你以这种名义去拜访一位潜在新客户时，你已经在一开始就获得了50％的成功机会，因为，你们之间已经存在了某种程度的亲和力了。

销售大师乔·吉拉德就是使用这种亲和力法则，赚取了大量的财富，从而成为顶尖的汽车销售员。

他和客户建立亲和力的方法是：每个月他都给至少13000个老主顾寄去一张问候卡片。而且每个月的问候卡片内容都在变化。但是问候卡正面打印的信息却从未变过，那就是"我喜欢你"。"我喜欢你"这四个字每个月都印在卡片上送给了13000个客户。

或许有人会怀疑这种方法的有效性，但是乔·吉拉德已经用他的业绩证明了这一点：被他人欢迎，具有亲和力的销售员，才能成为销售高手。

人与人间的相处，首先必须找出彼此间的"共同点"。人们喜欢同和自己具有相似之处的人交往。不论这种相似性指个人见解、性格特性、嗜好还是生活习惯、穿着谈吐，等等。越和我们相似的人，彼此之间的亲和力就越高，所谓的物以类聚就是这个道理。

当相似之处愈多时，彼此就愈能接纳和欣赏对方。你喜欢跟哪种人交往？你会不会喜欢结交事事与你唱反调，想法和兴趣都和你迥异的人呢？当然不会。你应该会喜欢结交同你个性、观念或志趣相投的人。你们有共同的话题，对事物有相同的看法和观点，或是有相似的环境及背景，不论如何，你们或多或少有某些相似之处。沟通也是如此，彼此之间的共同点愈多就愈容易沟通。

你是否有过这种体验，你曾经碰到过一个人，你和他接触交谈了没有多久，就有那种和他一见如故、相见恨晚的感觉，你莫名其妙地就对他有一种依赖感和好感？不论你是否有过这种体验，问题是，你是否希望自己是那种不论谁见了你，只要和你相处十几分钟或半个小时，他们就会对你产生依赖和好感，觉得和你一见如故，让你走到哪里都是一个受人喜爱和欢迎的人？

利用这种物以类聚的原理来增进彼此间的亲和力的另一种方法是找出及强调我们与客户之间的类似经历、行为或想法。

举例来说，在销售产品时，销售员应该多注意客户的一些小细节并且多和客户交谈，找出任何可能与他有相似性的地方。比如说你发现客户带了一个特别的项链，而你也刚好有个一样或类似的项链，你就可以问她这个项链是在哪里买的，称赞她的项链，并且告诉她你也有一个同样的；可以注意听客户的口音，询问他的家乡，同时告诉他你的某个家人或亲戚也住在那儿。

总之，通过我们敏锐的观察力及与他人相处的热诚，就可以达成良好亲和力的建立。

微迎合

——把客户当成恋人去经营

销售，我们不仅仅是推销我们的某种产品，而且是为客户提供解决问题的最佳方案。想成为一名成功的销售人员，我们应做到态度最积极，知识最丰富，服务最周到，让客户做"主人翁"，以我们的服务优势，给予客户最优美的心理体验。

不要试图挑战客户

人人都是平等的，与客户进行沟通时，双方的地位是平等的，沟通本身也应当是双向的。

基于这种原因，当你因为需要了解更多、更确切的信息而向客户提出问题时，请注意不要像检察官一样地审问客户。不要问一连串的问题；在每个问题间加上你对客户所言的反馈；聆听客户说什么，并且在进行下一个问题之前，对他们的反应做些评论。你的反馈能够创造一座桥梁，促进双向交流。

实际上，有不少销售员向客户提问时的态度是非常不恰当的，他们将每一次销售都视为对客户的挑战。因此，他们往往变得防御心很强，喜欢用一连串的逻辑问题将客户逼到"墙角"。最后，客户只好干脆告诉他们："我不这样认为，请你走开！"相信，大家都不想遭遇这种情况吧？

那么，要避免这种情况的发生，最佳方法就是——谨记你的目标是帮助客户而非挑战客户，并记住每一次接触都会让关系变得更好或是更坏。这种"直接"式的审问法其实可以有多种替代方案，我们可以用发问取得更多的资讯。

作为一名销售员，你所从事的是与人打交道的职业。不要有防御心理，不要把赢得客户看成是挑战客户，这是人际交往最差的策略。当你变得有防御心理的时候，客户同样会防着你；只有你自己先放开，客户才会与你融合起来——这不正是你想要的吗？

提出恰当的问题，是一种技巧，也是一种态度。要坚决避免敌对、侮辱和摆高姿态的询问。

人与人之间的沟通存在着很多形式，并非仅仅一种语言。从某种意义上来说，我们无意中的姿态透露的信息往往会超出我们的想象——这同样是一种沟通。可以说，身体语言是除了口头语言之外最重要的一种交流形式。

正因如此，我们在销售中一定要注意捕捉客户无意中通过面部表情、身体语言和其他动作所传递出来的信息。这些动作给我们提供了一种绝好的交流方式。但是问题的关键在于了解客户身体语言的基础并与其保持一致，这才是最终目的。

要想与客户的姿态保持一致，通常而言，我们要做好以下几点：

1. 目光接触是身体语言的重要部分，在这方面，必须加以注意。你可以通过观察确定客户与你保持目光接触的时限，然后与他保持步调一致，从而可以找到双方之间目光接触的平衡点。

2. 与客户保持协调一致。与客户保持一副相似的手势动作和身体姿态，采用相近的说话节奏。根据客户的情况要逐渐调整自己的身体状态，使自己在姿态、手势和动作等方面与客户保持协调一致。

最后，与客户姿态保持协调还包括衣着打扮，力求使自己的打扮看起来让人感觉舒服，符合一个销售员的标准。

容易得罪客户的话不能说

说话本来是一件最简单的事，但很多销售新人却都因为说话不当而失去了客户。这并不是因为他们说话太多，或说话技巧不够好，而是在不该说话的时候说话，或者是说了不该说的话。

销售新人们应该牢牢记住：

1. 不要说批评的话语

一些销售新人，有时讲话不经过大脑，脱口而出伤了别人，自己还不觉得。比如说，见了客户第一句话便说，"你家真难找！""这件衣服不好看，一点都不适合你。""这杯茶真难喝。"这些脱口而出的话语里包含批评。虽然你无心去批评指责客户，但客户听来却会感到不舒服。

人们常说，"好言一句三冬暖"，也就是说，人人都希望得到对方的肯定。在这个世界上，又有谁愿意受人批评呢？销售员每天都是与人打交道，赞美性话语应多说，但也要注意适量，否则，让人有种虚伪造作、缺乏真诚之感。不要让客户有这样的感觉。"你说那个卖保险的，他那一套，嘴巴虽然甜得要命，可是都是假的，这保险公司培训出来的怎么都是一个模式的人，耍嘴皮特行！"这种感觉无形中提醒我们，与客户交谈中的赞美性用语，要出自你的内心，不能不着边际地胡乱赞美。

2. 不要和客户议论主观性的话题

"干什么吃喝什么"，与你销售没有什么关系的话题，你最好不要参与议论，比如政治、宗教等纯属主观意识方面的看法，无论你说的是对是错，这对于你的销售都没有什么帮助。

一些销售新人，涉及这个行业时间不长，经验不足，在与客户的交往过程中，无法主控客户话题的能力，往往是跟随客户一起去议论一些主观性的议题，最后意见产生分歧，然后在某些问题上争得面红脖子粗，但争完之后，一笔业务就这么告吹了。想想对这种主观性的议题争论，有何意义？所以，有经验的老销售员，在处理这类主观性的议题中，起先会随着客户的观点，一起展开一些议论，但议论中适时将话题引向销售的产品上来。

3. 不要卖弄专业术语

有一位销售员吴先生，从事寿险时间不足两个月，一见到顾客，就向客户炫耀自己是保险业的专家，然后就是把一大堆专业术语塞向客户，客户个个听了都感到压力很大。当与客户见面后，吴先生又开始大肆发挥自己的专业，什么"豁免保费""费率""债权"等一大堆专业术语，让客户如坠入云雾中，不知所云，对方的反感由此产生，拒绝是顺理成章的事了，吴先生便在不知不觉中，误了商机。

4. 不要太过夸口

一些销售新人往往喜欢将自己的产品夸得天花乱坠，事实上这样做是不好的。如果你夸大产品的功能，客户在日后使用产品的过程中，终究会知道你所说的话是真是假。不能因为要达到一时的销售业绩，你就夸大产品的功能和价值，这势必会埋下隐患，一旦纠纷产生，后果将不堪设想。

任何一个产品，都有其两面性，一面是好的，一面是不好的。作为销售员理应站在客观的角度，清晰地与客户分析产品的优与劣，帮助客户"货比三家"，才能让客户心服口服地接受你的产品。任何的欺骗和夸大其词的谎言都是销售的天敌。

5. 不说咄咄逼人的话

一些销售新人常常会说出一些攻击性话题，事实上，无论是对人、对事、对物的攻击词句，都会造成准客户的反感，因为你说的时候是站在一个角度看问题，不见得每一个人都是与你站在同一个角度，你表现得太过于咄咄逼人，反而会适得其反，对你的销售也只能是有害无益。

6. 不要谈论隐私

与客户打交道，主要是要把握对方的需求，而不是一张口就大谈特谈对方的隐私问题，这也是销售新人常犯的一个错误。有些销售新人会说，我谈的都是自己的隐私问题，这有什么关系？就算你只谈自己的隐私问题，不去谈论别人，试问你推心置腹地把你的婚姻、财产等情况和盘托出，能对你的销售产生实质性的进展吗？也许你还会说，如果我们与客户不谈这些，就直插主题，业务势必难以开展，所以谈谈无妨，其实，谈论隐私是毫无意义的，浪费时间不说，更浪费你的销售商机。

7. 不要用质疑的口气问问题

在销售产品的过程中，你很担心准客户听不懂你所说的一切，而不断地质疑对方："您明白吗？""您知道吗？""您明白我的意思吗？"似乎以一种老师的口吻提出这些让人反感的话题。从销售心理学来讲，一直质疑客户的理解力，客户会产生不满感，这种方式往往让客户感觉得不到起码的尊重，逆反心理也会随之产生，可以说是销售中的一大忌。

8. 不要讲太多枯燥的话题

在销售中有些枯燥性的话题，也许你不得不去讲解给客户听，但这些话题可以说是人人都不爱听，甚至是一听就想打瞌睡。所以，如果一定要讲，建议你将这类话语讲得简单一些，可概括起来一带而过。这样，客户听了才不会产生倦意，如果有些相当重要的话语，非要跟你的客户讲清楚，那么不要拼命去硬塞给他们，在你讲解的过程中，换一种角度，找一些他们爱听的小故事、小笑话来改变一下气氛，然后再回到正题上来，也许这样的效果会更佳。

努力让客户的不满变圆满

当客户出现不满时，我们一定要格外注意，因为如果处理不好的话，我们很可能会因此失去客户，而且客户的这种不满情绪很可能还会影响到其他人。因此，当客户对我们的商品或者是服务表示不满时，大家一定要重视并妥善处理，使客户的心理由不满转化为满意，再到惊喜。

那么具体来讲，我们应该怎样做呢？

1. 以良好的态度应对客户的不满

处理客户不满首先要有良好的态度，然而说起来容易做起来难，它要求我们要有坚强的意志，只有这样，才能更好地平息客户的不满。

2. 按照客户的希望处理不满

应对客户不满，要了解客户不满背后的希望是什么，这是解决客户不满的根本。表面上看，客户向销售员不满地说，他打电话要求公司处理一个简单的问题等了好几天都没回应。但深入地看，客户是在警告我们，如果我们不能给予满意的答复，他们以后不会再购买我们的商品，他们会去找另一家公司。令人遗憾的是，许多公司只听到了表面的不满，结果因对客户的不满处理不当，白白流失了客户。

3. 积极行动化解客户的不满

客户表示不满的目的主要是让我们用实际行动来解决问题，而绝非口头上的承诺或道歉，如果客户知道你会有所行动自然放心，当然光嘴上说绝对不行，接下来你得拿出行动来。行动一定要快，这样可以让客户感觉到尊重，表示经营者解决问题的诚意，也可以防止客户的负面宣传对公司造成重大损失。

另外，在具体处理客户不满时，我们首先要注意稳定客户情绪，分散客户注意力，避免冲突，大家可以试试以下这些方法：

1. 请客户坐下

当不满的客户找上门来时，大多数人会表现得十分冲动，大声斥责，甚至捶胸顿足。这个时候，你是没有办法和客户沟通的。为了使冲动的客户尽快平静下来，我们应热忱招呼客户坐下来诉说不满。自己在一旁倾听、记录，郑重其事地把对方的意见记下来。

做好记录，既有助于双方建立一个友好的交流洽谈气氛，又可以使客户认为他们的意见受到了某种重视，没有必要再吵闹下去。一份完整详尽的记录，将使得我们更好地接近客户，了解客户的真实信息，沟通双方的意见，并为自己下一步更妥善地处理不满提供参考依据。

2. 表示出恭敬之意

友善热情地握手，给人以诚相见的印象，这是我们面见客户的应有的礼节。正确的握手姿势与力度，可以控制客户不满的情绪，起到镇定的作用，使得双方动口不动手。客户如果一时拒绝握手，我们可以借故反复多次试握，客户由于盛情难却，现场气氛会很快融洽起来。

在条件许可的场合，对不满的客人可以热情接待，以示安慰，比如敬一支香烟、泡一杯热茶、递几块糖果，等等。在日常生活中我们可以看到这样的情景，一批旅客预订了旅馆客房而无法马上入住，因为前面的客人刚刚退房离店，服务员正在房间整理清扫，拎着大包小袋从外地赶来的旅客在走廊上大发牢骚，怨言不断。经验丰富的经理见状，立即请客人到自己的办公室暂时休息，并给每一位泡上一杯热气腾腾的歇脚茶，在场的客人连声道谢，再多等一会儿也不会生气了。

3. 对客户表示理解

凡打算上门表示不满的客户，大多喜欢争取旁观者的支持，在公众场合抱怨发牢骚的客户也是如此，现场人越多，他们的指责越变本加厉。所以，一旦碰到年轻气盛的客人上门诉怨，我们应迅速将当事人带离现场，或到办公室，或到人群稀少的清静处商谈问题，莫在公众面前与之争辩，因为在大庭广众面前，我们纵然有十种百种理由来解释说明，客户也认为自己有理。

应急的一个办法是当面向客户表示理解之意，这是与客户联络感情的有效方式。如果不能表示完全的理解，我们至少也应该在某一点上持理解的态度，我们可以这样对客户讲："多亏了你的指点……""你当然有理由表示不满……""对这个问题我也有同感……"这样的对话往往会使义愤填膺的客户怒气顿消。

4. 拖延一会儿再解决

对于某些客户提出的抱怨，我们一时很难找到其中的真正根由，甚至有些不满纯属虚构，我们根本无法给予圆满答案。碰到此类情况，精明的销售员大多采取拖延的办法，把眼前的纠纷搁置一旁，暂缓处理，比如答复对方："我马上去调查一下情况，明天给你回音。"

尤其是遇到冲动而性急的客户，我们不要急于马上着手处理抱怨，以免草率行事，带来负面影响。我们可以先停顿一下，先与客户谈点儿别的话题，例如天气、社会新闻、对方情况等，目的是使客户平心静气提意见，有理智地谈问题，这种方法也能有效地对待和处置客户的不满。

在销售活动的每一个阶段，语言都占有重要的地位，在处理不满的工作中亦不例外。我们对措辞的疏忽大意，也会造成客户的抵触与对立。

比如，我们听到平时讲话中常有这样的说法："这是一个误会……""大概搞错了吧……""事实上不是这么一回事……""我自己亲自证实一下再说……"这些说法，其实是在火上加油，有时，为了平息客户的怨气，一些销售员采取息事宁人的做法，表面上是安抚对方，但由于用词不当，效果适得其反，比如："就是为了这么一点儿鸡毛蒜皮的小事？""你说的没有那样严重吧？"这类话语不说倒罢，一说反而会引起客户的误会，给人造成的印象是客户错了，责任在客户身上。

有时，客户的要求超出了实际界限，公司往往不愿接受这种过分的要求，如果当面表示断然拒绝，甚至流露出"对方是有意敲诈"的态度，就会导致购销双方当事人的情绪对立，最终受损失的还是卖方。所以，我们不要急于表明自己的无辜，更不能马上指出责任在客户身上，而是要细心引导，设法让客户自己找到问题的所在。

老练的销售员每每遇到客户的不满，总是会回避直接讨论退、赔等问题，而是从分析入手，逐步明了公司和客户的各自责任，剔除其中不满夸大的因素，最后得出双方都能接受的条件。

一般来说，客户的要求并非像人们想象的那么苛刻，就已达成的协议或交易来说，退货的数量是十分有限的，不近情理的耍赖型客户毕竟属于极少数。我们应从大局出发，不妨自己吃一点儿小亏，退一步是为了进两步，接受客户提出的合理要求。如果这些你能够处理得好的话，不但可以留住客户，甚至还可以提高你的声誉。

让客户的抱怨烟消云散

每个销售员几乎都遇到过客户抱怨的情况，销售专家认为，对客户的抱怨应该持欢迎态度，谨慎处事。

欢迎客户的抱怨是销售过程我们必须持有的态度，在日本销售界被誉为"经营之神"的松下幸之助先生认为，对于客户的抱怨不但不能厌烦，反而要表示欢迎。他曾经告诫部属：

"客户肯上门来投诉，其实对企业而言实在是一次难得的纠正自身失误的好机会。有许多客户每逢买了次品或碰到不良服务时，因怕麻烦或不好意思而不来投诉，但坏印象坏名声永远留在他们的心中。

"因此，对待有抱怨的客户一定要以礼相待，耐心听取对方的意见，并尽量使他们满意而归。即使碰到爱挑剔的客户，也要婉转忍让，至少要在心理上给这样的客户一种如愿以偿的感觉，如有可能，销售员尽量在少受损失的前提下满足他们提出的一些要求。假若能使鸡蛋里面挑骨头的客户也满意而归，那么你将受益无穷，因为他们中有人会给你做义务宣传员和义务销售员。"

松下幸之助还曾对部属讲到这样一件事：有位大学的教授寄信给他，说该校电子研究所购买的松下公司产品出现使用故障。接到投诉信的当天，松下幸之助立即让生产这种产品的部门最高负责人去学校了解情况。经过厂方诚心诚意的说服与妥善的处理工作，使研究人员怒气顿消，对方还进一步为松下公司推荐其他用户和订货单位。

要知道，抱怨对销售的危害性极大，它给客户以极大的心理刺激，使客户在认识上和感情上与销售员产生对抗。一个客户的抱怨可以影响到一大片客户，他的尖刻评价比广告宣传更具权威性，抱怨直接损害销售产品与销售企业的形象，威胁着我们的个人声誉，也阻碍着我们工作的深入与消费市场的拓展，所以大家对此千万不能掉以轻心。

不少朋友把客户的抱怨视为小题大做、无理取闹，这是由于他们仅仅把自己作为一个旁观者来看待。

销售专家认为，只有站在客户的立场上看待客户的抱怨，才能更好地理解客户抱怨的重要性，积极采取有效的措施予以妥善处理。

一般来说，客户抱怨基本上有两种性质，一种是群体性的，这是一般公司会注意的大问题。

但是对于我们个人而言，第二种性质的抱怨同样不可忽略，即个别性的客户抱怨。如果你能运用合作性、令人满意的方法解决个别客户的问题，就很可能产生一位忠实的终生客户。

假如抱怨是成交良机，那么应如何好好把握呢？一方面，必须尽可能使客户申诉的管道畅通。必胜客 1990 年在圣地亚哥试营业成功之后，几年后开始启用免费电话，接受客户申诉。一有客户打电话进来，必胜客的专职人员就会认真地记录下这个申诉电话的内容。除了分辨申诉原因、客户的语调之外，专职人员还会记录导致客户抱怨的事件所发生的时间和地点，同时整理出人数的统计资料和客户的购买习惯，作为新产品及宣传活动的企划参考。

申诉中心每天利用电脑，将客户抱怨的资料传给相关的店长，而收到讯息的店长必须在 24 小时内给申诉客户回电话。这种两段式的处理，最巧妙的地方在于店长在打电话给客户之前已经知道问题所在，并做好了充分的准备。

必胜客通过申诉系统，将个别客户的抱怨变成资产，而不是仅把客户的抱怨当作店面经营不善、产品设计不良，或其他内部系统问题的先期病兆。

另一方面，必胜客还利用客户的投诉来加强与个别客户间的关系。一位管理员说，这项系统的好处之一是："当客户感到意见被尊重时，自然会产生一种参与经营的感觉，无形中提高了忠诚度。"

在这里，我们为大家推荐了一些处理客户抱怨的建议，朋友们不妨参考一下：

1. 虽然客户并不总是正确的，但让客户感到自己正确往往是最有必要的，在销售洽谈中也最值得注意。

2. 要知道客户的抱怨是难以避免的，因而我们对此不必过于敏感，不应该把客户的抱怨看作是对自己的指责，要把它当作正常工作中的问题去处理。

3. 如果你拒绝接受赔偿要求，应婉转充分地说明己方的理由，让客户接受你的意见就像你向客户销售产品一样，需要耐心、细致而不能简单行事。

4. 客户不仅会因商品本身的问题而抱怨，还会因商品不适合他的需要而抱怨，我们不要总是在商品本身的优劣上绕圈子，要多注意客户的需求是否能得到满足。

5. 有些时候，你对客户的索赔只提供部分补偿，客户就感到满意了。在决定补偿客户的索赔之前，最好先了解一下索赔的金额，通过了解你会发现，赔偿金额通常要比原先预料的少得多。

6. 在处理客户为了维护个人声誉或突出自身形象而抱怨时要格外小心，抱怨也是一面镜子。

7. 不要局限于给客户写信，要经常深入客户，与之进行面对面的接触。处理客户的抱怨，重要的不是形式，而是实际行动与效果。

8. 任何时候我们都应当让客户有这样一种感觉：他在认真对待自己的各类抱怨，并且对这些抱怨进行调查，抓紧时间把调查结果公之于众，没有拖延耽搁。

9. 在你未证实客户说的话不真实之前，不要轻易下结论，不责备客户总比责备客户好一些。

10. 要向客户提供各种方便，尽量做到只要客户有意见，就让他当面倾诉出来，同时发现客户一时还没有表示出来的意见和不便提出的问题。

总而言之，如果不把客户的抱怨处理好，我们就会失去客户的信任，因此你必须学会处理客户抱怨的方法，这是每一个销售员的必修课。

适当地赞美客户

在销售过程中，适当地赞美客户，对于拉近双方情感距离是非常有好处的，接下来我们重点说一下赞美中"度"的问题。万事皆有其度，赞美更是如此，如果把握不好分寸，那么你的赞美就会起到反效果，一定要注意这一点。

　　有这样一位销售员，他看准女人都希望自己年轻这一点，见到女性即称呼"小姐"。一次遇到一位年逾五旬、气质高雅的女士，直觉告诉他这是一个好客户，于是十分热心地招待，频频称呼她为"小姐"。孰料这位太太觉得不妥，希望他改一下称呼，然而销售员仍然坚持要以"小姐"来称呼，并且用十分谄媚的语气说："外表并不重要，只要内心保持年轻就好了。"

　　后来中年女士虽然不再表示意见，但心中不悦的情绪早已产生，拒绝与排斥的念头也开始在心中发酵。

　　事实上，销售的技巧中虽然会用到一些称赞的语言，但若是运用不当，就会出现相反的效果。也就是说，在赞美对方时，首先要考虑到一个事实，那就是客户可以接受哪些称赞的话，倘若适得其反，不如不用。身为销售员，反应能力一定要快，当客户出现反感时要立即打住。

　　正确的赞美法是"真诚的赞美而不是谄媚的恭维"。不仅如此，还要掌握一定的技巧，如果赞美客户不审时度势，不掌握良好的赞美技巧，即使出于真诚，也会将好事变成坏事。在赞美客户时，以下技巧是可以运用的：

　　1. 因人而异。客户的素质有高低之分，年龄有长幼之别，因此要因人而异，突出个性，有所指的赞美比泛泛而谈的赞美更能收到较好的效果。成功的客户总希望人们能够回忆起其当年雄风，与其交谈时，销售人员可以将其自豪的过去作为话题，以此来博得客户的好感。对于年轻的客户不妨适当地赞扬他的开创精神和拼搏精神；对于商人，可以赞扬其生意兴隆，财源滚滚；对于知识分子可以赞扬其淡泊名利、知识渊博，等等。当然所有的赞扬都应该以事实为依据，千万不要虚夸，否则很容易引起客户的反感。

2. 真实具体。在和客户的交往中，发现客户有显著成绩的机会并不多见，因此我们要善于发现客户哪怕是最微小的长处，并不失时机地予以赞美。一般来说，赞美语言越翔实具体，说明我们对客户越了解，让客户感觉到我们的真挚、亲切和可信，距离自然会越拉越近。试想，如果只是很含糊其词地赞美客户，说客户很出色或者很优秀，就很难引起客户对我们谈话内容的关注，有时候还会引起客户的猜疑。

3. 真诚为本。虽然每一个人都喜欢听赞美的话，但是如果我们的赞美并不是基于事实或者过分夸张，就很难让客户相信我们，甚至客户会认为我们在讽刺他。比如一个其貌不扬的妇人，我们若是硬要夸她美若天仙，就很可能遭到对方的反感。而一旦客户发现我们说了违心的话，他们就会认为这个销售人员是不可信的。因此，赞美必须出于真诚。如果你实在找不到客户可以赞美的地方，赞美其所喜爱的事物和人，也不失为一种赞美对方的好方法，比如赞美客户的孩子聪明伶俐等。

另外提醒大家，我们在赞美客户时，还要注意以下几个方面：

1. 不要一味吹捧。不是出于真心，只是为了取得客户的好感，一味地迎合奉承，不但会降低客户对你的尊重，也容易引起客户的反感。

2. 赞美不要太俗气。赞美要有独特性，如果一概笼统地见到男士就称潇洒干练，见到女士就夸年轻美丽，就没有什么特点，因为人人都会这样说，所以赞美要尽量具体。

3. 过分夸大没好处。赞美一定要把握好分寸，一旦与事实严重不符，反而会适得其反。比如一个人个头比较矮，你偏偏夸他高大威猛，不但起不到赞美的效果，反而会让客户认为你是在讥讽他。

4. 不要"捧"得过高。销售过程中，我们的赞美要适可而止，赞美过度，一则容易让客户感到你是在有意为之，另外如果我们将客户"捧"得过高，会增加客户的自大心理，感到飘飘然，反而会降低对我们及我们所要销售商品的重视，我们赞美客户的目的不只是让客户高兴，更重要的是让客户购买我们的商品，不要本末倒置。

5. 做作的赞美惹人烦。赞美出自内心，重要的是要自然而然地表露出来，不要生硬做作，要做到这一点，我们要勤于观察，善于找到可以赞美客户的机会。如果实在没有可以说的话题，不如不说，否则会自寻烦恼。

总之一句话，赞美客户时最重要的就是把握分寸，你对客户的赞美应该是自然的、不露痕迹的，这样你的赞美才能发挥最好的作用。

激发客户的兴趣

俗话说，"买卖不成话不到，话语一到买三卖"，可见销售的关键是说服，但如果我们与客户的商谈缺少趣味性和共通性，那么销售的成效就会大打折扣。因此，作为一名销售员，我们必须懂得迎合客户的兴趣。

兴趣是销售成功与否的关键因素。兴趣，对销售员和客户来说同等重要。没有兴趣，一切事情都无法顺利完成。因此，在销售中，激发客户的兴趣显得尤为重要。

山姆在纽约经营一家高级的面包公司，他一直想把自己的面包销售到纽约的一家大饭店。他一连三年给饭店经理布林先生打电话，甚至会长时间住在饭店里，以求谈成生意。而不管山姆怎样努力，布林先生却从未把心思放在山姆公司的产品上，山姆百思不得其解。后来，他终于找到了问题所在，立即将以往策略通通改变，开始去寻找布林先生感兴趣的事情。

山姆发现，布林是一个名为"美国旅馆招待者"组织的骨干成员，最近刚刚当选为主席。于是，他再次拜访布林时，就与他大谈"美国旅馆招待者"组织。布林先是有些吃惊，然后就与山姆热情地交谈起来。话题自然都是有关这个组织的。谈话结束后，布林还给了山姆一张该组织的会员证。

这次谈话中，山姆根本就没有谈到有关面包的事。但几天之后，饭店的厨师给山姆打来电话，要求看看面包的样品和价格表。

对对方最热心的话题或事物表示出真挚的热心，巧妙地引出话题后，要多多应和，表示赞同。

乔·吉拉德对这一点感触很深。有一次，乔·吉拉德花了将近一个小时才让那位客户下定决心买车，然后，乔·吉拉德所要做的只不过是让他走进自己的办公室，签下一份合约。

　　然而，当那位客户走进乔·吉拉德的办公室时，他开始兴致勃勃地讲起他将要进曼联球队的儿子。而乔·吉拉德心不在焉，望着别处。后来，那人意识到乔·吉拉德忽视了他所讲的话，便决定不买车了。乔·吉拉德回家后苦思冥想了一整天，终于明白了客户离去的原因。那是因为对方在说"儿子"时，乔·吉拉德都在念叨"车子"，他完全忽略了对方的兴趣。不过，幸亏他及早明白，经过一番努力又重新追回了客户。

　　从上面的例子中可以看出，激发客户的兴趣确实是成功销售的重要因素，那么激发客户兴趣的方法有哪些呢？

1. 幽默

　　幽默是具有智慧、教养和道德上的优越感的表现。在人们的交往中，幽默更是具有许多妙不可言的功能。幽默的谈吐在销售场合是必不可少的，它能使销售中严肃紧张的气氛顿时变得轻松活泼，它能让人感受到说话人的温厚和善意，使他的观点变得容易让人接受。

　　幽默能活跃交往的气氛。在销售各方正襟而坐、言谈拘谨时，一句幽默的话往往能妙语解颐，使来宾们开怀大笑，气氛顿时活跃起来了。

　　幽默的语言有时使人立即解除拘谨不安，能使局促、尴尬的销售场面变得轻松和缓，它还能调解小小的矛盾。

2. 讲故事

　　讲故事也是引发客户兴趣的一种方法。如果你把故事讲得很精彩，那些极其爱好探究人类问题的潜在客户也会听得津津有味。将故事讲得精彩是一门艺术。有些销售员能将故事讲得生动有趣，而另一些人的冗长乏味会烦得你要哭出来。拖沓、离奇、平淡的故事对你的生意成交起不到丝毫作用。有特色、有风格的故事才能给我们的听众带来笑声。

3. 精彩演绎

对于成功的销售员来说，一种类似于演员的本领必不可少。很多时候，我们必须把一些平淡无奇的话变得极富感染力，这可以在很大程度上营造出欢娱的氛围。

彼德·沃克是来自纽约的很受欢迎的一位演员，他在可口可乐的广告片中名声大振。他说："关键的一点是要让你所扮演的角色有可信度、有趣味性。我那样做过后，广告中所宣传的产品就非常完美了。"

虽然销售员不是演员，但你必须朝演员的角色靠拢，这是形象的创造，是提升客户兴趣最好的途径。

别让不小心毁了到手的生意

一些朋友常常会碰到这样的事情，销售工作进行得很圆满，眼看一份订单就要到手了，这时客户却突然反悔，于是我们的大量心血就都白费了。

有位家政公司的年轻销售员叫吴小东，当一栋新盖的大厦完成时，他马上跑去见该大厦的业务主任，想承揽所有的清洁工作。例如，各个房间地板的清扫，玻璃窗的清洁，公共设施、大厅、走廊、厕所等所有的清理工作。他做得很不错，一个星期后，业务主任口头上答应了这个交易。当吴小东承揽到生意，从侧门兴奋地走出来时，一不小心，把消防用的水桶给踢翻，水泼了一地，有位事务员赶紧拿着拖把将地板上的水拖干。这一幕正巧被业务主任看到，他心里很不舒服，于是打通电话，将这次合同取消了，他的理由是："像你这种年纪的人，还会做出这不小心的事，将来实际担任本大厦清扫工作的人员，更不知会做出什么样的事来，既然你们无法让人放心，那么还是解约的好。"

这是个很好的例子，希望朋友们以后不要因为生意谈成，高兴得昏了头，而做出把水桶踢翻之类的事，使得谈成的生意又变泡影。

这种失败的例子，也可能发生在保险销售员身上，例如当保险销售员向一位女士销售她丈夫的意外保险，只要说话稍不留神，就会使成功愉快的交易，变成怒目相视的拒绝往来户。

"现在你跟我们订了契约，这回你终于安心点了吧？"

"什么！你这句话是什么意思，你好像以为我是在等我丈夫的死期，好拿你们的保险金似的，你这句话太不礼貌了！"

于是洽谈失败，生意也做不成了。

所以在生意快谈拢或成交时，千万要小心应付。所谓小心应付，并不是过分逼迫人家，只是在双方谈好生意，客户心里放松时，我们最好少说几句话，以免搅乱客户的情绪。此刻最好先将摊在桌上的文件慢慢地收拾起来，不必再花时间与客户闲聊，因为与客户聊天时，有时也会使客户改变主意，如果客户说："嗯！刚才我是同意了，但有些细节我还要再考虑一下。"那我们所花费的时间和精力，就白费了！

成交之后，销售工作仍要继续进行。

卓越销售员的真正工作不是始于听到异议或"不"之后，而是他们听到"可以"之后。卓越销售员知道，一旦他与客户达成了交易，如果他想完成这项交易，他必须继续销售，而不是停止销售。当然，这里指的不是回过头来重新开始销售产品，而是销售自己、销售公司的支持系统和售后服务。

永远也不要让客户感到我们只是为了佣金而工作。不要让客户感到我们一旦达到了自己的目的，就突然对客户失去了兴趣，转头忙其他的事去了。如果这样，客户就会有失落感，那么他很可能会取消刚才的购买决定。

对有经验的客户来说，当他们对一件产品发生兴趣时，往往不是当时就买。我们的任务就是要创造一种需求或渴望，让客户参与进来，让他感到兴奋，在客户情绪到达最高点时，与他成交。但当客户的情绪低落下来时，当他重新冷静下来时，他往往会产生后悔之意。

在以下的内容里，我们就来详细看看专业销售员巩固销售成果，避免客户反悔的方法。

1. 向客户道谢

这是优秀销售员区别于平庸销售员的细小差别之一。

说声"谢谢"不需要花费什么，但却含义深刻，给客户留下深刻印象。大多数销售员不知道在道别后如何感谢客户，这就是为什么他们常常收到客户的退货和得不到更多客户的原因。当我们向客户表示真诚感谢时，客户对我们会非常热情，会想方设法给你以回报，会对我们表示感谢。

请看下面的例子：

"张先生，我想对您说声谢谢，我想告诉您，我对您的举动十分感谢。如果您还需要我做什么，您可以随时给我打电话。"

当客户听到这些话时，他就知道他做出了正确的选择，他会对我们的友情表示感激。在这种情况下，他怎么会改变主意让我们失望呢？

2. 向客户表示祝贺

客户现在已经同意购买，但在很多情况下，他还是有点不放心，有些不安，甚至会有一点神经紧张。这是一个非常重要的时刻，对销售员来说，沉着应对非常重要。客户在等待，看接下来会发生什么情况，他在观察我们，看我们是否会兴高采烈，看自己的决策是否正确，看我们是否会拿了钱就走人。

现在，客户比以往任何时候都需要友好、温暖和真诚的抚慰，帮他度过这段难熬的时间。

成交之后，我们应立即与客户握手，向他表示祝贺。记住，行动胜过言辞，握手是客户确认成交的表示。一旦客户握住了我们伸出来的手，他要想再改变主意或退缩就不体面了。从心理上说，当客户握住我们的手时，就表示他不愿反悔了。

3. 与客户一起填写合同

说到填合同表，很多销售员是不称职的，由于误填、不准确和填不好，致使很多交易都没做成。这些销售员常常为了一桩买卖而拼命工作，但却由于不知道怎样填写合同而使到手的买卖又扔掉了。他们熟知合同，却又对它很陌生。

卓越的销售员应是合同专家，他们能够在几秒钟内完成一份合同的填写。我们应当锻炼这方面的能力，直到闭上眼睛也能完成这项工作为止。

一般销售员在填写合同的时候，通常默不作声，他们把精力集中在合同上。这种沉默通常会引起客户的胡思乱想，他也许会对自己说："我为什么要签这个合同？"接着，所有的疑虑和恐惧又重新涌上心头。当出现这种情况时，我们很可能还要再搭上半个小时，去挽回这笔买卖，但在多数情况下，这笔买卖是再也没有希望了。

我们尽管已经知道了他需要填写的内容。但在填写时，仍然要求客户证实这些内容。我们边写边与客户进行轻松的对话，目的是让这一程序平稳过渡，让客户对他自己的决定感到满意。我们的填表动作应当自然流畅，我们与客户的对话内容可以与产品毫无关系。我们可以去谈及客户的工作、家庭或小孩，这些话题可以把客户的思绪从合同中解脱出来，表明我们并不只是对客户的钱感兴趣。

4. 让客户签字

为了避免可能发生的退货现象，我们应尽一切可能防止客户后悔。

一旦合同填写完毕，得到签字，就应当敲定这笔买卖，向客户表明他做出了正确选择。这会让客户感到他应该把这一过程进行到底。

5. 尽快向客户提供产品

让客户尽早拿到货物，越早越好。不管你是在为客户提供一项服务、为客户送货，还是他来取货，或者你需要为他进行安装，都要尽早做完，越快越好。一旦客户拥有了这件产品，看到了它的功用，他就不会后悔了。

6. 给客户制造一点惊喜

给客户一点意外的惊喜，就像面包师给他的客户一打面包是 13 个而不是 12 个一样，这是一桩不会亏本的买卖。我们的客户会感到他做了一笔好买卖，他会感激我们的，换句话说，他会忠实于我们的。

7. 立即拜访连锁客户

客户最兴奋的时刻是购物之后。因此，有理由说，这也是他最愿意推荐其他购买者的时候。所以，我们应当趁此时机问客户是否认识其他对该产品感兴趣的人，问他们我们是否可以利用这些关系。如果我们有礼貌地提出请求，他们总会提供给我们一两个名字。但如果他们不肯，不要一味坚持，换个时间再谈。

我们应当趁客户的热情仍然存在时，在同一天或第二天拜访这些连锁客户。这样我们的现有客户就感到有义务将这笔交易贯彻到底。毕竟，他不会在推荐其他人的同时，自己却反悔了，对吗？

8.给客户寄张卡片或便条

很多客户在付款时，都会产生后悔之意。不管是一次付清，还是分期付款，总要犹豫一阵才肯掏钱。预防这一问题发生的一个好办法就是，寄给客户一张便条、一张卡片，再次称赞和感谢他们。

这样不仅可以提醒他们已经做出的承诺，而且还能使他们回忆起我们，回忆起他们对我们的义务。我们的便条应当简短、热情，要用手写，这样会给客户一种亲切感，而不是公事公办之感，最后要记住的一点就是，要保证在他们付款之前两三天收到便条，但其中不要提钱的事。

倾听有时比会说更有征服力

一些销售员之所以业绩不好，往往是因为他们忽视了倾听的礼节。这些销售员总是说的太多，听的太少，结果客户感受不到对自己的尊重，自然也就不会对销售员产生好感。而生活中我们会发现，那些顶尖的销售高手，往往也是倾听的高手。

卡耐基认为：倾听是一种典型的攻心战略，一个不懂得倾听，只是滔滔不绝、夸夸其谈的销售员不仅无法得知有关客户的各种信息，还会引起客户的反感，导致销售最终失败。作为一名好的销售员，首先必须是个高明的听众。当客户热心谈论的时候，你要做出认真倾听的样子，如此，销售才能轻轻松松。

有一位汽车销售员，经朋友介绍去拜访一位曾经买过他们公司汽车的客户，一见面，这位销售员便照例先递上名片并介绍了一下自己。没想到才说几个字，就被那位客户以十分严厉的口吻打断，然后开始抱怨当初他买车时的种种不愉快的经历，比如车价太贵、内装及配备不完美、交车等待过久、服务态度不佳……讲了一大堆，而这位销售员只是静静地在一旁听他抱怨，并没反驳他。

终于等到这位客户把以前所有的怨气全倾诉完之后，才发觉这个销售员好像以前没见过，于是便有一点不好意思地回过头来对他说："年轻人，你贵姓呀，现在有没有好一点的汽车？拿份目录来看看吧！"一个小时过后，这个销售员高兴地离开了，因为他手上拿着一辆福特车的订单。

在这次销售中，这位销售员从头到尾恐怕没有讲上几句话，但他却成功地完成了交易，这就是"听"的艺术。

倾听除了出于礼节的考虑，它还能使客户感到被尊重，可以缓和紧张关系，解决冲突，增加沟通。对一个成功的销售员来说，有效的销售方法是自己只说30%的话，把70%的话留给客户去说。

西方人说，上帝赐予我们两只耳朵、一个嘴巴，就是要我们少说多听。如果你是一位话多的销售员，请改变一下自己吧，先学会做一位优秀的倾听者。

倾听也是一门艺术，你只有掌握了倾听的技巧，才能打动客户。

1. 耐心倾听，把握销售良机。心理学家的统计证明，一般来说，人说话的速度为每分钟 120～160 个字。而听话及思维的速度比讲话速度大约快 3～4 倍。鉴于这种差距，销售员在聆听时，应充分利用这个时速差来用心思考，琢磨客户的说话内容。反之，如果对客户的说话内容听而不闻，或者在听的时候想别的事情，那就有可能因此错失销售的良机。

作为销售员，能够耐心倾听对方的谈话，等于告诉对方："你是一个值得我倾听你讲话的人。"这样在无形之中就能提升对方的自尊心，加深彼此的感情，为销售成功创造和谐融洽的环境和气氛。因此，听人谈话应像自己谈话时那样，始终保持饱满的精神状态，专心致志地注视着对方。

2. 倾听的态度要谦虚。销售的主要议题是沟通信息、联络感情，而不是辩论或演讲比赛，所以在听人谈话时，应持虚心聆听的态度。有些人觉得某个问题自己知道得很多，就中途接过话题，不顾对方的想法而自己发挥一通，这同样是不尊重对方的表现。或者急于发言，经常打断对方的讲话，迫不及待地发表自己的意见，而实际上自己往往还没有把对方的意思听懂、听完。

在一些销售场合，如果你不赞成对方的某些观点，一般应以婉转的语气表示出疑问，请对方解释得详细一些。或者说："我对这个问题很有兴趣，我一直不是这样认为的。""这个问题值得好好想一想。"即使你想纠正对方的错误，也需在不伤害对方自尊的条件下以商讨的语气说："是这样吗？我记得好像是……""贵方在以往的销售中似乎是另一种做法……"如此这般，就足以使对方懂得你的意思了。

3. 用心倾听，了解客户意图。销售员在倾听客户说话时，需要了解客户的真正意图，只听其话语的表面意思是远远不够的。

听客户谈话时，要能控制自己的感情，不要总想占主导地位，一个处处想表现自己的人，绝对不是一个好的销售员。

4. 要有反馈性的表示。要使自己的倾听获得良好的效果，不仅要细心倾听，而且还要积极回应。自己的表情要随对方表情而变化，并用简单的肯定或赞赏的词语适当地表达自己的认同等。这样，客户会认为销售员在认真地聆听，而愿意更多、更深层地讲出自己的观点。要注意不断将信息反馈给对方，以检验自己的理解是否正确，并引导客户谈话的内容。

一般来说，销售员在倾听的同时，可以采用以下几种方法做出倾听反应：

1. 轻轻地点头做出反应表示同意。销售员用这种方法表示自己正在听客户的谈话，有时轻轻点几下头以表示对客户所传达的信息的赞同或默许。

2. 销售员的目光要注视正在说话的客户，不要做其他任何动作，也不要说话。这表明你正专心致志地倾听客户的谈话，并且对客户的谈话表现出浓厚的兴趣。这是对客户的尊重。

3. 销售员偶尔发出声音，用尽量少的言词表示出自己的意思。比如，"真的啊""是那样""没错"。使用这种词语，一般表示销售员对于客户的话有所了解，或者表示同意客户的看法。

认真倾听客户讲话，是赢得客户的一种非常有效的办法。

赢单的关键

——趁热打铁，让客户不知不觉说"是"

现代销售既是一项复杂的工程技术，又是一种技巧性很高的艺术。销售员从寻找客户开始，直至达成交易获取订单，不仅要周密计划，细致跟踪，而且要与客户进行重重的心理博弈。由此，销售员必须顺应客户的心理活动轨迹，审时度势，及时在"促"字上下功夫，不断强化其购买动机，加快其决策进程。

抓住客户需求点做产品介绍

　　有时，客户刚接触到某产品就对它不感兴趣，或者心生反感，这是因为客户在了解产品的过程中，某些因素左右了他们的情感和体验。很多时候，那些失去订单的销售人员，并不是因为他们不了解产品，也并不是因为他们不重视客户，而是因为他们在给客户讲解产品的时候，没有分清楚重点，或者说，他们在理解客户内心真实需求这个步骤出现了偏差，从而导致他们对客户的介绍引不起客户的重视。一般来说，在了解到客户真实需求之后，销售人员要首先把那些客户最感兴趣最想了解的产品特点介绍给客户，这样才能够在一开始就引起客户的了解兴趣，之后下一步的销售工作才有继续开展下去的可能和余地。

　　例如，一次笔者去某城市给某品牌的农用卡车销售人员做培训，培训过程中提问他们如何帮助经销商销售农用卡车。他们大多讲的是卡车的特点和优点，而且在这方面表现得很优秀，许多专业的卡车知识以及特点都掌握得非常全面，但是有一个问题就是，他们很少提及如何让买卡车的农民赚到钱，即，产品对于客户的利益点。

　　我们都知道，对于农用卡车这样的产品，农民客户都是纯粹把它当成是生产工具来看待，没有人是买来玩或者体验的，都是买来赚钱的，他们对于卡车的专业技术性能和特点基本上是不感兴趣的，他们只会去关心这车子用起来是否坚固耐用，是否省钱，是否能创造更大的经济效益，等等。销售人员只有抓住了这些利益点，才能更好地销售农用卡车。譬如：卡车买来能否找到长期合作的货运公司，卡车坏了后期维修是否方便便宜，旧车报废的时候如何处理赚钱（除了旧车报废可以享受政府几千元补贴之外），手头缺钱的时候这车能否帮助自己得到低息的银行按揭贷款，等等，总之，一开始向客户介绍的时候，就要多讲买车之后能否赚到钱这个利益点，而车辆的技术性能以及特点，可以在客户对产品产生兴趣之后再详加介绍。

可见，客户对于产品的第一印象，取决于销售人员对于产品特性的介绍顺序。聪明的销售人员总是能够抓住客户最关心的产品特点，迅速在客户心中建立起产品的第一印象，一件产品留给客户的印象可能会有很多面，但是聪明的销售人员会把客户最关心最感兴趣的一面直接展示在客户眼前，从而在最短的时间内引起客户对产品的兴趣和重视，也直接增加了订单达成的可能性。

销售员在面对客户的时候，如何介绍自己的产品非常重要！这决定了客户对你产品的第一印象，如果印象好，就是第一次没有达成交易，只要继续跟进，迟早都会有希望的。如果第一印象不佳，可能你后面的销售难度就会非常大，那么我们该如何介绍自己的产品呢？我认为最重要的一点就是把你的产品说得与众不同，即找出自己产品和其他产品的不同之处。

1. 要找出产品的销售基点

譬如：可口可乐之所以能在全世界范围内畅销几十年，关键在于它选择了一个人们都能接受的销售基点，那就是快乐。虽然几十年来可口可乐的广告词换了无数次，但销售快乐的基点一直没有变。你就是要围绕你产品的销售基点来介绍你的产品，也就是你的产品除了带来实用价值之外，还能给客户带来什么？

2. 要找你产品的最大不同点

俗话说，金无足赤人无完人，同样产品也没有绝对的好与坏。区别就在于客户是否真正的需要。比如：有的客户喜欢名牌，也有的客户喜欢实惠，有的喜欢方便，有的喜欢好玩，所以你要给自己的产品一个定位。

3. 尽量把产品的生产过程形象化，具体化

比如：原料的绿色无公害，经过多少道工序，或者经过多少次实验，总之，不夸张却又符合现实，实际上哪一个产品不需要通过无数次的加工呢？但别人不说，你说出来，你的产品就能给客户留下难忘的第一印象。

此外，在售后服务上也要多注意说明。许多销售员在介绍产品时，往往会忘记介绍产品的售后服务，认为合作后再说，实际上，在销售之前就告知客户会收到更好的效果。讲明包装的用意和设计意图，在激烈的市场竞争中，包装也是取胜的法宝之一，特别是日用消费品。因此，以包装区别同类品种，也是产品介绍的重要环节，设计的意图介绍同样能延伸产品的独特性。

可见向客户介绍产品的过程直接关系着客户对产品的第一印象。我

们也可以说，客户第一次看到产品时的心态决定了这个产品是否会被客户接受。

在向客户介绍产品的过程中，我们一定要明白一个道理：有特点和优点相似的产品，但没有完全一样的客户需求，销售员能否按照客户的需求诉求产品的利益点，是产品能否给客户留下好的第一印象的关键所在。

提升产品的价值品质

对于销售人员来讲，学会主动地去创造机会是很重要的职业素质。如果一个销售人员不懂得去为自己的销售创造条件，并且利用自己的言谈举止来提升产品或者是服务的价值，那么就不能够算得上是一名合格的销售员。

作为一名销售人员，在向客户推荐自己的产品时，应该利用一切可能的机会去提升自己产品的价值品位。因为这样做带来的好处就是：在提升产品形象的同时，也间接提升了客户的品位，可谓一举两得。而且很多时候，对于产品的描述和解读有很多角度可选，选对适合的角度和着眼点，会令产品瞬间提升价值品位，也给客户又提供了一个选择产品的理由，何乐而不为呢？

如今的市场上，同一类产品各种品牌层出不穷，让客户在产品选择上有了不少余地，大多数时候，客户都会在决定购买之前综合对比各个品牌产品，心中是要先在一个无形的天平上进行衡量，天平的两端则分别是购买成本与购买价值，在市场中，大部分的交易都是在天平平衡的时候决定的，显而易见，增加天平上客户购买价值一侧的分量是促进订单成交的最佳途径，但是，在客户购买价值的天平上增加筹码会提高产品的成本。有没有不增加商品成本却可以提高客户购买价值的方法呢？答案是肯定的。因为我们都知道，一件商品的价值不完全是由其物理属性决定的，更多的是由产品自身的附加属性决定的，不管这个商品实际价值是多少，关键要看客户心中对这个商品的价值认知，也就是消费者认为它值多少钱。

在提升产品附加属性价值的手段上，通常用到的有以下几种：

1. 渲染产品的品牌文化

众所周知，品牌文化是产品的灵魂所在，如果没了品牌文化的灵魂，一件商品也就只能根据其物理价值来销售了，反之，则可能创造出价值超过商品成本几倍，甚至几十倍的奇迹。例如，同样是手机，苹果手机的售价可以远远高出其他品牌，而且还能得到消费者的肯定和追捧，这就是品牌文化成功运作的典范，如果只看手机的物理成本价值的话，苹果手机未必就比其他品牌成本高出多少，但是一旦消费者认可了苹果这个品牌，自然而然也就认可了这个品牌的附加价值，这就是品牌的力量。在销售工作中，销售人员要善于利用品牌文化，让客户明白，他们买的不仅仅是一件产品，而是一个品牌，品牌文化所蕴含的核心价值不是单单可以用金钱来衡量的。

2. 巧妙利用外部因素

在我们向客户塑造了具有文化、品位内涵的商品后，接下来就是把这些内涵进行表达，并且传递给客户，第一步就是产品消费终端环境的塑造。一件商品摆放在不同场所，其价值便会因为这些外部因素的不同而产生差异，比如，同样一件衣服，在地摊卖 50 元，而摆在精品店里，则可以卖到 500 元，两个地方，两个价格却都能卖出这件衣服，为什么呢？前者卖的就是价格便宜，后者是通过外部环境提高了商品的价值。

再举个例子，同样的咖啡，在不同的环境下却能泡出不同的味道与感觉，你相信吗？浪漫甜美的法国海滨咖啡、安静柔和的家居下午茶咖啡……一样的材料，却可以泡出各种口味与感觉，那完全是因为外部的环境因素影响了人的主观感觉。恰当的环境布置可以有效提高商品价值，因此，应该学会结合环境因素来向客户销售产品价值，但也不能单纯理解为只要是在装修豪华的销售场所便可以随意提高商品的价值，所有的事情都要有个度，纯粹的提升销售环境档次可能会造成环境与商品脱节的情况，只有商品与环境巧妙融合，才能在销售中利用环境因素巧妙提升产品在客户心中的价值。

3. 引导客户重视产品价值

在销售中，我们一定要牢记的一个原则就是，不要和客户纠缠商品是否值多少钱，一旦陷入这种价格上的纠缠中，结果往往都是：产品很难卖出一个好价钱，甚至很难达成交易。这些时候，应该着重引导客户的思想，一起探讨商品的价值，这样就忽略价格因素。尤其珠宝等非必需性商品，甚至奢侈品，价格因素还在其次，买家往往更看重的是商品价值。

例如，一位太太向销售人员抱怨一条项链太贵了，销售人员如果说："太太，1 万块已经很便宜了，你到任何珠宝店都不可能买到这么便宜的项链……"这种应对的说法显然是不适合的，明显是就商品卖商品，就价格卖价格，是最笨的销售方法，而且，这时消费者的心里是矛盾的，她既希望项链能很便宜，又希望项链很值钱，销售人员一下子否定了项链的价值，告诉你这是最便宜的珠宝，对于客户的虚荣心来说将是最致命的打击，这样成交的概率会很低。而如果销售人员这样说："太太，这条项链太适合您了，戴在您的身上看起来少说值 5 万块，而且，这条项链太符合您的气质了，看起来那样高贵、漂亮。"

这样的情况下，成交的概率就会大大提高，因为销售人员在说这条项链同这位太太搭配后产生的价值，而这种价值是这位太太最在意的。

4. 利用商品搭配提升产品价值

产品打折销售是大多数产品经常用到的一种促销手段，对于大多数商品来说，难免受到商品打折的困扰，如果打折，就违反了价值原则，不仅少赚了许多利润，还会损伤商品与品牌的价值，不打折又难以使消费者产生一种赚到了的心理平衡。因此，为了不损伤商品价值与利润，我们可以采取一种折中的做法：保证主体商品不降价，但是附赠一些小赠品。比如某品牌电脑，其价格在行业打折风潮中保持坚挺，但是赠送了 U 盘、鼠标、数据线、音箱、DVD 刻录盘、电脑罩等十几样赠品，客户乍看之下觉得综合起来比其他电脑要便宜，而电脑价格不降低也增加了消费者对商品质量的信心。其实，这些赠品的总价值远低于电脑高出的价格。这样一来，既保住了品牌的形象，又保证了利润。在实际销售中，销售人员要学会灵活运用这一技巧进行销售。

利用各种技巧提升产品在客户心中的价值，从而影响到最终产品成交的价格，是销售人员必须掌握的一种销售技巧，这种技巧不但可以提升销售人员销售的成功概率，而且可以直接提高产品所创造的利润点，对于销售人员提升业绩来说是相当有用的。一名优秀的销售人员，要学会让客户了解到产品的价值所在，而不是仅仅告诉客户产品的价格是多少。

用优美展示瞬间赢得客户芳心

有的销售员抱怨说："我已经快磨破嘴皮子了，可客户就是不动心。"问题出在哪儿呢？大家要明白，我们是在向客户销售产品而不是炫耀口才，为什么不向客户示范一下我们的产品呢？如果让客户对产品产生了兴趣，他就会自行购买的。

展示销售法是一种常见的销售方法，但其具体的方式和内容十分繁杂，从商品陈列、现场示范，到时装表演、商品试用，均可视为展示销售法。其主旨就是力图让消费者亲眼看到、亲耳听到、亲身感受到商品的精美和实用，把商品的特性尽善尽美地表现出来，从而引起客户的兴趣。

那么，怎样采取示范产品的方法去促使客户对销售产品产生兴趣呢？

通用公司几年来一直想销售教室黑板的照明设备给一所小学校。可联系了无数次，说了无数的好话均无结果。这时一位销售员想出了一个主意，使问题迎刃而解。他拿了根细钢棍出现在教室黑板前，两手各持钢棍的端部，说："先生们，你们看我用力弯这根钢棍，但我不用力它就又直了。但如果我用的力超过了这根钢棍的最大承受力，它就会断。同样，孩子们的眼睛就像这弯曲的钢棍，如果超过了孩子们所能承受的最大限度，视力就会受到无法恢复的损坏，那将是花多少钱也无法弥补的了。"没过多久，学校就主动向通用电器公司订购了照明设备。

一般来说，示范方法主要有以下几种：

1. 表演示范

在销售对象面前，为了增加示范的感染力，我们应该学会一定的表演技巧。表演示范的主要方法是做动作，有时连色彩、音响、气味等都可以作为表演示范的辅助手段。比如，兜售洗涤剂的销售员，先往自己穿的衣服上倒上红墨水、油污，然后当场敷上洗涤剂冲洗干净，他边做边讲，眼见为实使人不得不相信洗涤剂的去污性能。一个起重机销售员，为了向客户说明他的起重机操作简便省力，让一个小学生在众多的客户面前现场操作他的起重机。

有时，销售员用一点戏剧化的手法进行示范，可以大大增强表演示范的效果。在做表演示范之前，销售员应该精心设计，仔细研究表演示范的程序安排与艺术处理，千万不可草率行事，否则就会欲速则不达。

销售表演应该给人新鲜感，不要重复老一套。

例如，为了证明汽车轮胎的结实程度，有的销售员一改往常用铁锤敲打车胎的示范方法，而是使劲在车胎上面敲铁钉。有的销售员还举枪向车胎射击，然后再让客户检查结果。

当然，在追求表演新鲜感时，我们切不要故弄玄虚，表现过度，否则会招致客户的反感。

2. 体验示范

所谓体验示范，就是在销售过程中让客户亲自体验产品，直接体会商品的利益与好处。激发客户兴趣的关键，在于首先使对方看到购买商品的利益所在。因此每一个销售人员应切记：使客户看到好处，使客户产生好感，这就是销售工作激发客户兴趣的要点所在。

例如，销售员上门访问时，为了引起客户对空调机的兴趣，与其说上一千遍空调机的优点，倒不如在炎夏季节请客户到一间装有空调的房间待上一会儿，让他亲身体验一下凉爽宜人的舒适感，如此，对方对购买空调机的兴趣和欲望便会激增。

只要条件许可，应尽量让客户参与体验示范，尤其是对于机械产品、电子产品的销售，应当满足客户亲手操作的愿望，让客户参加体验要比销售员自己示范更能引起客户的兴趣。

体验示范还包括让对方品尝、聆听、观赏等活动。

另外，大家要明白，任何产品都可以拿来做示范。而且，一般在 10 分钟之内所能表演的内容，比在 1 个小时内所能说明的内容还多。无论你销售的是商品、保险还是教育，任何产品都有一套示范的方法。示范被称为销售员的真正销售工具。

平庸的销售员常常以为他的产品是无形的，所以就不能拿什么东西来示范。其实，无形的产品也能示范，虽然比有形产品要困难一些。对无形产品，你可以采用影片、挂图、图表、相片等视觉辅助用具，至少这些工具可以使销售员在介绍产品的时候，不显得单调。

优秀的销售员一般都喜欢使用纸笔。他们都随身携带纸笔，知道如何画出图表、图样或是简单的图像来辅助说明自己的论点。

那么，优秀的销售员是怎样使他们的示范发挥最大的效用的呢？

1. 先把示范时所用的台词写下来

除了如何讲、如何表达之外，还有动作的配合，有些地方可能没有台词，只有动作，客户顺便可以松口气。

2. 要预先练习示范过程

对设计好的整个示范过程反复演练。请你的家人、同事或营业部经理来观看，提出意见。要一直演练到十分流畅和逼真，而且使观众觉得很自然为止。

3. 要随时记住"客户至上"

要以客户为核心，让他明白我们的产品究竟会带给他什么好处。

4. 尽量让客户参与示范

柯达公司常嘱咐自己的销售员："要把相机递给客户，好让他们自己亲自查看我们的产品。"

5. 要留有余地

在客户开始厌倦之前就把产品拿开，这样可以增强客户拥有这个产品的欲望。

6. 说服客户

在示范说明的时候，要让客户同意我们所提到的每一项产品优点。

7. 珍爱产品

示范产品的时候，要表示出珍重爱护的态度。像鞋店的销售员拿鞋出来给客户试穿之前，要把鞋子擦亮；珠宝商将展示的珠宝放在天鹅绒上面等。假如你的产品十分轻巧，拿的时候要稍微举高点，并且慢慢旋转，好让客户看得清楚。要不时对自己的产品表示赞赏，也让客户有机会表示赞赏。

8. 要在示范中尽量使用动作

别只是展示我们的产品——要示范产品给对方看；别只是展示图表——要当场画给对方看。

另外，假如我们的产品无法展示出来给大家看，可以打个比方，或使他联想，这样他便能获得生动的理解。

做示范是向客户证明产品优点的好方法，大家会发现一个简单的示范胜过千言万语，因此销售员一定要掌握示范的技巧，让客户自己说服自己。

让客户在产品体验中被深深吸引

我们到底是在销售什么呢？销售大师给出的答案是——我们是在销售一种产品的用途，如果我们能让客户"恋"上我们的产品，那么他们唯一会做的就是把这些产品买下来。

如果你家中还没有买洗衣机，而又有一大堆脏衣服要洗，怎么办？

洗衣机厂无偿提供 10 台全自动洗衣机，供广大消费者长期自助洗衣使用。

洗衣机厂拿出 10 台洗衣机，商场则腾出"寸土寸金"的摊位来办自助洗衣销售部，其中有什么奥妙？

1. 它可使客户亲自操作

通过亲自操作，客户可以更加详细、全面和实际地了解某品牌洗衣机的功能与独特的优点。而一般的洗衣机厂只把样品摆在商场，客户无从了解其操作是否简捷，能否将衣物洗得干净等。让客户自助洗衣，在购买前先学会如何操作，必将给客户一种强势刺激，当他想购买洗衣机时，这种品牌洗衣机必将成为首选机种。

2. 拉近生产企业、销售单位与客户之间的距离

客户亲自操作洗衣机消除了客户的心理障碍。通过自助洗衣建立起生产企业、百货商场与客户之间的交流渠道。客户在亲自动手的过程中能更加深入地了解产品，产生亲切感，从而引起购买兴趣。

一位销售专家曾说，要想真正赢得客户，我们就不应该销售什么空调，而应该销售那种在夏季打开空调时清爽怡人的感觉。

吉拉德曾说："我们不要销售什么汽车，而要销售这种新汽车的感觉。一辆新汽车最吸引人的东西就是那么一种妙不可言的感觉。"

吉拉德总是千方百计要每一位客户都体验新汽车的感觉，请注意，他不是"让"他们体验，而是"要"他们体验。有很多人非常害怕这种感觉，他们害怕踏上一辆新汽车，他们也不愿意试一试新车，在这种时候，吉拉德就把他们推上驾驶室，要他们体验新汽车的感觉。一旦他们踏上一辆风光无限的新汽车，体验到了那种风驰电掣的速度，他们就会产生一种占有的渴望，希望赶快将它买下来。

对于新汽车的感觉，吉拉德是这样解释的："我所谓的'感觉'，也就是开心无比，风光无限；我所谓的'感觉'，也就是他太太和孩子的欢乐，也就是他亲戚和朋友的称慕和祝贺；我所谓的'感觉'，也就是客户的生活，客户的事业，客户的爱情，客户的一场美梦；我所谓的'感觉'，也就是客户自己的一种感觉。"

一旦客户手中握住了新汽车的方向盘，吉拉德总是告诉对方可以去

任何一个他想去的地方，倘若对方就住在附近，吉拉德就建议对方把汽车开回家去，这样对方就可以让太太和孩子们也看一看新汽车，也体验一下新汽车的感觉。有时候对方的邻居也可能会在门口张望。"我希望让每一个人看到他坐在一辆新汽车的驾驶座上，因为我希望他觉得自己已经买下了这辆闪闪发光的新汽车，正在开着它到处炫耀。这样做可以使他下定决心，不再动摇。"这就是吉拉德这样做的真正目的。

这种销售技巧对其他商品的销售适用吗？

有一位电视机销售员，他不仅卖电视机，还兼做修理电视机的生意。

当客户打电话叫他去修理电视机时，他就问，电视出了什么问题？待客户做出回答后，他就接着问，是什么牌子的电视机，已经用了多少年？然后他说他马上到，同时他还带去一台电视机，这样在旧电视机被送去修理时，客户们可以有电视看。

客户要修理的也许是一台年代已久的彩色电视，屏幕小，色彩不够鲜艳，就在客户原来放旧电视机的那个地方，这个卖电视机的商人替客户装上了一台价值几百美元的彩色电视机，还是一台崭新的彩电，又大又气派，不过，他并没有说卖给客户，他只是借给客户看一看，让客户体验新彩电的那种感觉。

等到那台旧电视机修好的时候，分期付款合约也已经准备好了。而此时客户早已迷上了那台新彩电，根本没有人舍得把它退回去，这样，它就名正言顺地成了客户自己的财产。

不管你销售什么产品，美好的客户体验都可以提高客户保持率（也就是说能留住多少客户），节省资金，提高销售额，而且最重要的是，它能推动利润增长。想办法让客户喜欢上我们的商品，那么我们的销售就几乎可以说是成功了。掌握了这一点，我们也许就不必再费尽口舌地向客户鼓吹自己的产品了。

刺激客户将购买兴趣转化为欲望

我们要以刺激消费者的购买欲望为目的，这样才能把商品销售出去。很多时候，我们自己做出了令客户信服的示范，但是客户仍旧无动于衷，这时候，我们就必须掌握刺激客户购买欲望的方法。

我们要想刺激客户产生购买的欲望，就必须巧妙地向客户说明，他在购买产品以后将会如何的满意，并从中得到乐趣，得到好处，有物有所值，甚至是物超所值的感觉。有位真空吸尘器销售员对一位家庭主妇说："使用这种机器，您可以从繁重的家务劳动中解放出来，就会有更多的时间带您的孩子外出散步，或者有更多的时间与您的丈夫促膝谈心。总之，您将有更多自由支配的时间。"

"这些光彩夺目的灯光设备，可以使所有的行人都看到您的商店橱窗，甚至连广场另一侧的行人也都能看到您的橱窗。如果不安装这些灯光设备，许多行人即使从您的橱窗外面经过，也注意不到橱窗里的展品。安装了这些设备以后，耀眼的灯光照射在展品上，行人都会清楚地看到橱窗里的展品。试想一下，要是这些灯光设备能为您吸引成千上万的客户，那您就会多赚好多钱，还会使您的商店的外观比对面的商店阔气得多。您再想想，您的商店新年的装饰物如果安上了这些灯光设备，将会变得多么光彩夺目啊！"

但是，只靠拼凑一些符合逻辑的理由，是无法激发客户的购买欲望的。我们必须刺激客户，使他对我们所销售的产品产生浓厚兴趣。说服客户最好的也是最直接的办法是，向他介绍并示范所销售的产品，从而使他意识到，购买该产品以后，他将获得许多乐趣。

我们必须使客户感到他确实需要这个产品，并且迫切地想购买。购买欲望不是来源于理智，而是来源于情感，刺激客户的购买欲望不同于向他证实他对产品有某种需要。许多家庭都需要比较高级的家用电器设备，然而有的家庭却觉得没有那些设备反而更好些；不少商店都需要较好的灯光照明设备，可商店老板宁愿花钱购置橱窗展品。

刺激客户，使他们产生购买欲望是非常重要的。除此之外，我们还必须能够说服客户。

消费者的购买欲望受到刺激达到一定程度时，就会产生购买的冲动，当冲动足够大的时候，就会产生购买行为。但是，消费者是否做出购买决定是很难预测的。消费者在做出购买决定的一瞬间会突然变得犹豫不决。这会使我们感到不知所措，因为我们原以为达成交易是十拿九稳的。而在销售那些单位价值低、消费者经常随意购买的产品时，刺激一下消费者的购买欲望就可以达成交易。

在通常情况下，当客户购买某一贵重产品或者购买某种足以改变某种生活习惯的产品时，仅仅靠刺激客户的购买欲望是远远不够的。如果我们已经成功地刺激了客户的购买欲望，就应该把这一工作继续向前推进一步，让客户相信他的购买行为是理性的，并不是一时冲动。我们要尽量向客户讲道理，以理服人。

在客户不是为自己购买，而是作为代理人替他人或者公司购买的情况下，合理性就显得特别重要。原因是，他要向他的主顾或单位证明其购买决定是正确的。在这种情况下，如果我们用讲道理的方式向客户证明，他的购买行为一定会达到他所期望的效果，那么客户的购买欲望就会增加。"如果我购买或者拒绝购买这一产品，别人会如何看待我呢？"客户会经常向自己提出这样的问题，我们也应该考虑到这一点。除了从情感上刺激客户的购买欲望以外，还应该从理智上刺激客户的购买欲望。使他相信，他的购买决定不仅在情感上是合理的，在理智上也是正确的，并且能够得到大家的一致认可。

以下实例有助于说明通过讲道理来刺激客户购买欲望的重要性。

例1：当客户产生了购买欲望以后，我们可以进一步地进行说理并且帮其算一笔账："购买这样一台便携式录音机不但方便实用，而且经济实惠。您的时间多么宝贵！您一月的薪水大概是多少，有1200元吧？假如这台PDA每天只为您节省5分钟的工作时间，加起来，一个月就为您节省将近10多元，一年就是100多元，这还没有算其成本费。况且只算了您一个人的时间，您的三位同事也可以使用这台PDA。假定他们每个人节省的时间仅仅是您的一半，那么他们每人每年至少可以节省50多元。使用这台PDA，只要一年多的时间，仅用节省下来的费用就足以赚回购买机器的费用了，而且仅仅是假定您每天只节省5分钟的工作时间。这笔账，您看这样算对吗？"

例2：一位体育用品的销售员说："假如您开设一个旅行和滑雪用品商品部，您的商店就会成为本地区拥有各种各样旅行用品的唯一商店。另外，销售旺季也可延长。秋天终归是比较萧条的季节，对吧？如果您开始销售冬季体育用品，就会把那些正在安排滑雪度假的人们吸引到您的商店里来。只要他们光临您的商店，就有可能使他们对其他一些旅行用品产生浓厚的兴趣。再想一想附近学校里的那些小学生，他们也会来这里买东西。"

例3："不言而喻，您购买一辆大型卡车并不是由于它的式样美观和有一台大功率的发动机，您购买大型卡车的真正原因是您能运载更多的货物。让我们算一算，您购买这种型号的卡车需要花多少钱，另一方面，使用这辆卡车一年又可赚回多少钱。请看一下这些数字……"

例4："每一间办公室都装上日光灯当然好啦。其实那并不是为了好看，而是使整个办公楼看上去整洁光亮，更具有现代社会的气息。既然甲先生他们安装了一套新的日光灯，我们当然不能不考虑就拒绝。何况，光线好，对眼睛也有利。不过，安装日光灯的费用一定很大吧？"

销售员回答说："乙先生，那看您如何算这笔账。日光灯耗电少，使用寿命长，因此，它的费用仅仅是……"销售员的回答使客户无言以对。他本来就很想购置日光灯，但就是下不了决心，听了销售员的解释，他心中的疑虑全消除了。

例5："如果安装这种新的传送带，我们几乎就得改变整个生产程序。当然我们也希望设备现代化，这可以提高我们的生产效率。但是，我们的情况有点特殊，压力也很大。我们只完成了客户订货的一半，而交货日期又日益迫近。我对您的建议倒是非常感兴趣。不过，我真不知道如何办才好。"这说明客户的购买欲望已经受到了刺激，不过还没有完全被说服，因此他没有做出购买决定。

"这个问题确实值得您认真考虑一下，"销售员冷静地回答，"不过，您决定把引进合理的操作系统推迟到什么时候呢？我们可以算算这笔账，如果您不购买这种传送带，那就要浪费很多时间。就按您目前的工资水平来算吧，加起来是……"他们两个人在一起计算。计算的结果使客户清楚地认识到没有传送带，成本是昂贵的。这样一来，他不仅想购买传送带，而且将其视为当务之急。

作为一名销售员，我们一定要能够分清客户的兴趣与购买欲望，把客户对产品的兴趣转化为购买欲望。

利用惯性思维使客户持续说"是"

在销售的过程中，如果你能让客户持续说"是"，那么你的销售很可能就会成功，就是说如果你能找到让客户说"是"的话题，那么就可以大大提高你的成交概率。

世界著名销售大师原一平在销售保险时，总爱向客户问一些主观答"是"的问题。他发现这种方法很管用，当他问过五六个问题，并且客户都答了"是"，再继续问保险上的知识，客户仍然会点头，这个惯性一直保持到成交。

原一平搞不清里面的原因，当他读过心理学上的"惯性"后，终于明白了，原来是惯性化的心理使然。他急忙请了一个内行的心理学专家为自己设计了一连串的问题，而且每一个问题都让自己的准客户答"是"。利用这种方法，原一平缔结了很多大额保单。

假设在你销售产品前，先问客户5个问题，而得到5个肯定的答案，那么接下来，你的整个销售过程都会变得比较顺畅。当他和你谈产品时，还不断且连续地点头或说"是"的时候，你的成交机遇就来了，他已形成一种惯性。每当我们提一个问题而客户回答"是"的时候，就增强了客户的认可度，而每当我们得到一个"不是"或者任何否定答案时，也降低了客户对我们的认可度。

在销售过程中，平庸的销售人员经常被一些突如其来的问题弄得目瞪口呆，败下阵来，有的甚至一上场就被客户拒绝。其实，只要你牢记你的目的，预先堵住可能造成麻烦的漏洞，创造一种安全的销售气氛，主导整个沟通过程，那么你的销售就很可能会取得成功。

让我们来看看销售人员最怕、最头疼的三句话：

①辛辛苦苦地谈完了，好不容易说服了对方，却突然听到对方说一句："不错不错，我要跟太太商量商量！"

②不断地转换角度想促成交易，对方仍淡淡地说："对不起，我还要考虑考虑！"

③历尽艰辛成交了，墨迹还没有干，客户突然说："我的想法变了，我要求解约！"

优秀的销售人员却可以让这些话通通消失，秘诀就是尽量避免谈论让对方说"不"的问题。而在谈话之初，就要让他说出"是"。销售时，刚开始的那几句话是很重要的，例如：

"有人在家吗？……我是××公司的，是想向您介绍一些我们公司的××产品，相信它一定对您大有用处……""××产品？哦对不起，我已经买过了，暂时还没有新的打算。"

很显然，对方的答复是"不"。而一旦客户说出"不"后，要使他改为"是"就很困难了。因此，在拜访客户之前，首先就要准备好让对方说出"是"的话题。

例如，对方一出现在门口，你就递上名片，表明自己的身份，同时说："在拜访你之前，我已看过你的客户资料了，你的××产品是3年前从我们公司买的，对吧？"只要你说的是事实，对方必然不会否认，而只要对方不否认，自然也就会说"是"了。

就这样，你已顺利得到了对方的第一句"是"。这句本身虽然不具有太大意义，但却是整个销售过程的关键。

"那你一定知道，我们公司又推出不少新的产品喽？"除非对方存心和你过意不去，否则，他必然会同意你的看法。这么一来，你不就得到第二句"是"了吗？

如果对方真的要拒绝，那不仅仅是口头上的一声"不"，同时，他所有的生理机能也都会进入拒绝的状态。然而，一句"是"却会使整个情况为之改观。所以，优秀的销售人员明白，比"如何使对方的拒绝变为接受"更为重要的是：如何不使对方拒绝。

优秀的销售员一开始同客户会面，就会留意向客户做些对商品的肯定暗示，例如：

"×女士，本公司的储蓄型保险是你最好的投资机会，3年后开始返还，你获得的红利正好可以支付你儿子的大学费用！"做出诸如此类的暗示后，要给客户一些充分的时间，以便使这些暗示逐渐渗透到客户的思想里，进入客户的潜意识里。

当他认为已经到了探询客户购买意愿的最好的时机，就这样说：

"为人父母，都要尽可能地让儿女受到最良好的教育，怎么样，你考虑过这方面的问题吗，我劝你向本公司投保。"

"你有权花钱买到最佳保险组合，你可别错过这个机会，选择我们的保险公司吧！"

优秀的销售人员在交易一开始时，利用这个方法给客户一些暗示，客户的态度就会变得积极起来。等到进入交易过程中，客户虽对优秀的销售员的暗示仍有印象。

客户经过商谈过程中长时间的讨价还价，办理成交又要经过一些琐碎的手续，所有这些都会使得客户在不知不觉中将优秀的销售人员预留给他的暗示当作自己所独创的想法，而忽略了它是来自销售人员的巧妙暗示。因此，客户的情绪受到鼓励，定会更热情地进行商谈，直到与销售员成交。

事实上，"我还要考虑一下！"这个借口也是可以避免的。一开始商谈，就立即提醒对方该当机立断。具体方法有很多，举例说明一下：

"以你目前的成就，我想，也是经历过不少风浪吧！要是在某一个关头稍微一疏忽，就可能没有今天的你了，是不是？"不论是谁，只要他或她有一丁点成绩，都不会否定上面的话。等对方同意甚至大发感慨后，销售员就接着说：

"我听很多成功人士说，有时候，事态逼得你根本没有时间仔细推敲，只能凭经验、直觉而一锤定音。当然，一开始也会犯些错误，但慢慢地判断时间越来越短，决策也越来越准确，这就显示出深厚的功力了。犹豫不决是最要不得的，很可能坏大事呢。是吧？"

即使对方并不是一个果断的人，他也不会希望别人说自己犹豫不决，所以对上述说法点头者多，摇头者少。那么，下面你就可以继续你的说服工作了。

"我也最反感那种优柔寡断，成不了大器的人。能够和你这样有决断力的人谈，真是一件愉快的事情。"这样，你怎么还会听到"我还要考虑考虑"之类的话呢？

其实，任何一种借口、理由，都有办法事先堵住，只要你好好动脑筋，勇敢地说出来。也许，一开始，你运用得不纯熟，会碰上一些小小的挫折。不过不要紧，总结经验教训后，完全可以充满信心地事先消除种种障碍，直奔成交，并巩固签约成果。

抓住成交时机

在销售活动中，成交的时机是非常难以把握的，太早了容易引起客户的反感，造成签约失败；太晚了，客户已经失去了购买欲望，之前所有的努力全部付诸东流。那么办呢？销售大师告诉你：当成交时机到来时，客户会给你一些"信号"，只要你留心观察，就一定可以把握成交时机。

客户的购买信号具有很大程度的可测性，客户在已决定购买但尚未采取购买行动时，或已有购买意向但不十分确定时，常常会不自觉地表露出他的态度。在大多数情况下，客户决定购买的信号通过行动、言语、表情、姿势等渠道反映出来，我们只要细心观察便会发现。

所以，我们一定要培养自己敏锐的业务眼光，这是我们销售成功的一项重要武器，能够洞悉客户的心意是完成交易的第一要诀，这个秘诀是一种自由心证的感应，想要明确说明并不容易，但可以从对方的反应与实际的状况看出一丝端倪。

如何才能把握住客户的购买讯号呢？首先必须了解客户对商品的反应如何，一般的客户对产品认同与否的反应大致可区分为眼神、动作、姿势、口气、语言方式这几项。

1. 眼神专注

最能够直接透露购买讯息的就是客户的眼神，若是商品非常具有吸引力，客户的眼中就会显现出美丽而渴望的光彩。例如当我们说到使用这一项商品可以获得可观的利益，或是节省大额金钱时，客户的眼睛如果随之一亮，就代表客户的认同点是在获利上，此时客户正显露出他的购买讯息。

2. 动作积极

你将宣传资料交给客户观看时，若他只是随便地翻看后就把资料放在一旁，这说明他对于你的资料缺乏认同，或是根本没有兴趣。反之，若见到客户的动作十分积极，仿佛如获至宝一般地翻看与探询，则是已经浮现购买讯号。

3. 姿态反映心态

当客户坐得离你很远，或是跷个二郎腿和你说话，甚至是双手抱胸，表明他的抗拒心态仍然十分强烈，要不就是斜靠在沙发上用慵懒的姿态和你谈话，或是根本不请你坐下来谈，只愿意站在门边说话，这些都是无效的销售反应。

反之，若是见到客户对你说的话频频点头应和，表情非常专注而认真，身体愈来愈向前倾，即表示客户的认同度高，两人洽谈的距离愈来愈近，客户购买的讯息也更加明显。

4. 口气发生转变

当客户由坚定的口吻转为商量的语调时，就是购买的讯号。另外，当客户由怀疑的问答用语转变为惊叹句用语时也是购买的讯号。例如："你们的产品可靠吗？你们的服务怎么样？"等问句，如果变成"使用你们产品之后有没有保障呢？必须多久保养一次？"就说明客户在认同产品后，心中想象将来使用时可能产生的问题，因此会以问题来替代疑惑，而呈现出想要购买的前兆。

5. 语言购买信号

语言信号是客户在洽谈过程中通过语言表现出来的成交信号。大多数情况下，客户的购买意向是通过语言形式表示出来的。这也是购买信号中最直接、最明显的表现形式，我们也最易察觉。通常表现为：关心送货时间或怎样送货；询问付款事宜，包括押金、资金或折扣。

口头或非口头地向配偶、朋友或亲人等征求赞同意见。

例如："一次订购多少才能得到优惠呢""离我们最近的售后服务中心在哪里""有朋友说它性能非常可靠，真是这样吗""您的产品真是太漂亮了""这倒满适合我们的，能试用一下吗"，等等。

当客户为了细节而不断询问我们时，反映出客户一探究竟的心态，这也是一种购买讯号。如果我们可以将客户心中的疑虑一一解释清楚，而且答案也令其满意，订单马上就会到手，怕就怕有些客户会问一些不着边际的话，让你疲于奔命，或是问一些十分艰涩的问题，企图用问题来打垮我们的信心，此时我们必须凭着经验判断客户的用意，并在很快的时间内转移话题，再导入销售之中，这样才能继续运用先前所努力的成果。

有以上情况发生时，已经不再是需要考虑的时刻了，这些问话，都是成交的信号，你要赶紧抓住这个机会。

上面所列的种种情况，仅仅供大家参考。一名卓越的销售员不仅知道如何捕捉客户的购买信号，而且应该知道如何利用这些购买信号来促成客户的购买行动。下面一则销售案例，或许可以给我们提供一些有益的启示。

某家商场的销售员对产品进行现场示范时，一位客户发问："这种产品多少钱一件？"对于客户的这个问题，我们可有三种不同的回答方法：

①直接告诉对方具体的价格。

②反问客户："你真的想要买吗？"

③不正面回答价格问题，而是给客户提出："你要多少件？"

在所举的三种答复方式中，哪一种答法为好呢？很明显，第三种答复方法可能更好一些。客户主动询问价格高低，这是一个非常好的购买信号。这种举动至少表明客户已经对你销售的商品产生了兴趣，很可能是客户已打算购买而先权衡自己的支付能力是不是能够承受，如果对销售员介绍的某种商品根本不感兴趣，一般人是不会主动前来询问价格的。这时，我们及时把握机会，理解客户发出的购买信号，马上询问客户需要多少数量，会使"买与不买"的问题在不知不觉中被一笔带过，直接进入具体的成交磋商阶段。我们利用这种巧妙的询问方式，使客户无论怎样回答都表明他已决定购买，接下来的事情就可以根据客户需要的数量，协商定价，达成交易。

如果我们以第一种方式回答提问，客户的反应很可能是："让我再考虑考虑！"如果以第二种方式回答对方问题，表明我们根本没有意识到购买信号的出现，客户的反应很可能是："不！我只是看看。"由此看来，这两种封闭式的答复都没有抓住时机，使你与一笔即将到手的生意失之交臂。

在生意场上，一位卓越的销售员应当在销售活动的整个过程中时刻注意观察客户，学会捕捉客户发出的各类购买信号，只要信号一出现，就要迅速转入敦促成交的工作。有些朋友认为不把销售内容讲解完毕，不进行操作示范就不能使客户产生购买欲望，也做不成一桩买卖，这实在是一种错误的想法。

其实，客户对产品的具体要求不同，销售产品对其重要程度也有异，因而客户决定购买所需的时间也不同。我们只有时刻注意观察，工作认真细致，才不会失去机会。

客户只会通过一些购买信号来表达他想成交的信息。因此我们应密切注意和捕捉客户的成交信号，抓住稍纵即逝的时机，使自己的销售活动获得成功。

采取正确的营销策略

兵法中有这样一句话："不战而屈人之兵。"这是一条相当有境界、有谋略的军事战略，运筹帷幄的兵法高手才能够运用自如。那么在销售人员日常的各种销售活动中，通过各种营销手段赢得客户自然是销售人员的成就所在，但是，能够化被动为主动，让客户主动找上门来签单，才是营销技巧中最高深的层次。

对于销售工作来讲，一定要做好每一笔销售的收尾工作，这是一种技巧也是一种手段。当所有的工作都做完了，我们与客户的合作告一段落，是不是就是结束了呢？也许这是大部分业务员处理的方式，但事实证明这是一个很大的错误。实际上，这次生意结束的时候正是创造下一次销售机会的最好时机。千万别忘了送给客户一些适当的小礼品，如果销售效益确实不错，最好还能给客户一点意外的实惠，这样自然会吸引更多的客户自动找上门。

那么，如何才能实现让客户主动上门呢？采用正确的营销策略很重要。最主要的原则还是"宣传"二字。做好我们的宣传推广，是能否实现让客户主动上门的关键所在。而成功的推广营销，不外乎以下几点：

1. 产品网站

我们可以尝试免费或者付费建立专门的产品网站或者博客，上传一些专业的趣味性文章和产品资料，并且利用技术手段优化数据，借助搜索引擎的抓取特点增大曝光率，当然在专业的网站上宣传效果更好，但是往往价格不菲，要根据我们的具体情况去实施。

2. 针对目标客户群进行定位宣传

例如我们可以在门户网站上做广告推广，根据我们的客户群体选好合适的页面，这样的宣传广告通常效果很好，价格适中，深受许多中小企业的青睐。当然，一些特定消费人群读者的刊物也是很好的选择，这样的宣传做到了受众的预先筛选，在很大程度上可以做到投入与产出的最优化组合，是相当不错的选择。

3. 选择专业性的行业网站

我们还可以找到属于我们的行业网站，或者目标客户所属的行业网站，地方性的或者流量较高的一些网站，这些网站往往是付费或者免费发布产品信息，比较有针对性，价格通常也比较低廉甚至不用付费。在这样的网站做营销推广比较容易获得行业内的一些客户订单，以及整个行业的一些资讯，等等。结合各网站的特点发布产品供应信息做好宣传，并根据具体情况选择是否付费。

4. 不要小看论坛的力量

网络上许多商业性的论坛，都是非常不错的营销推广场所。我们可以运用科学合理的方法多发帖子，做展示推广，多参加论坛活动，多写一些原创话题，多回帖，提高知名度，这些对于增加客户量都有着非常好的作用。

5. 靠人脉吸引并留住客户

当然，以上几点是完全从营销推广的角度出发来说的，仅仅做到以上几点还不够。经常有营销高手告诉我们说：营销就是做人。从人脉积累的角度来说，说得一点都没有错。优秀的销售人员不仅仅靠全面到位的宣传推广措施来吸引客户，更要靠完善贴心的客户服务来留住客户，如何留住客户，跟如何推广宣传是同等重要的，而且在有些方面可以说是有过之而无不及。我们应该如何做好留住客户这项工作呢？

不可否认的是，在我们的营销活动中，有相当一部分销售人员只重视吸引新客户，却忽视了如何去保持现有客户，如果把营销重心过于偏向售前和售中，必将造成售后服务中存在的诸多问题得不到及时有效的解决，从而使现有客户大量流失。这些销售人员为保持销售额，又要挖空心思不断补充"新客户"，如此不断循环。这就是著名的"漏斗原理"。我们可以在很短的时间内失去100个客户，而同时又得到另外100个客户，这虽然从表面看来销售业绩没有受到任何影响，但是实际上为争取这些新客户所花费的宣传、促销等成本显然要比保持老客户昂贵得多，从投资回报程度的角度考虑是非常不划算的。

　　那么我们应该如何去维护老客户这一人脉资源呢？首先要体谅客户，多替客户着想，更不能为难客户，给客户制造烦恼。我们与客户合作一定要追求双赢，特别是要让客户也能漂亮地向上司交差。我们是为公司做事，希望自己做出业绩，别人也是为单位做事，他也希望自己办的事情很漂亮。因此，我们在合作时就要注意，不要把客户没有用或不要的东西卖给他，也不要让客户花多余的钱，尽量减少客户不必要的开支，客户也会节省你的投入。然后就是要信守原则，不能轻易损害到客户的利益。对于客户的疏忽甚至过失，要宽容，并且主动寻求解决方案，这样可以赢得客户的尊重和信任。